新形势下
高校“立德树人”教育

高文　贺琳◎著

中国出版集团
中 译 出 版 社

图书在版编目（CIP）数据

新形势下高校“立德树人”教育 / 高文，贺琳著
. -- 北京 : 中译出版社，2021.12（2022.6重印）
ISBN 978-7-5001-6964-2

Ⅰ. ①新… Ⅱ. ①高… ②贺… Ⅲ. ①高等学校－思想政治教育－研究－中国 Ⅳ. ①G641

中国版本图书馆 CIP 数据核字（2022）第 008747 号

出版发行 / 中译出版社
地　　址 / 北京市西城区新街口外大街 28 号普天德胜大厦主楼 4 层
电　　话 /（010）68359827（发行部）　53601537（编辑部）
邮　　编 / 100044
传　　真 /（010）68358718
电子邮箱 / book@ctph.com.cn

责任编辑 / 王　滢
封面设计 / 摘星创意

印　　刷 / 三河市明华印务有限公司
经　　销 / 新华书店

规　　格 / 787 毫米 ×1092 毫米　1/16
印　　张 / 7
字　　数 / 133 千字
版　　次 / 2021 年 12 月第一版
印　　次 / 2022 年 6 月第二次

ISBN 978-7-5001-6964-2　　定价：68.00 元

前言

习近平总书记 2019 年 3 月 18 日在学校思想政治理论课教师座谈会上指出:“教育是民族振兴、社会进步的重要基石，是功在当代、利在千秋的德政工程，对提高人民综合素质、促进人的全面发展、增强中华民族创新创造活力、实现中华民族伟大复兴具有决定性意义。

“青少年是祖国的未来、民族的希望。现在，我国各级各类学历教育在校生达到 2.7 亿，全国各类高等教育在学总规模达到 3779 万人。青少年阶段是人生的‘拔节孕穗期’，这一时期心智逐渐健全，思维进入最活跃状态，最需要精心引导和栽培。‘蒙以养正，圣功也。’就是说青少年教育最重要的是教给他们正确的思想，引导他们走正路。思政课是落实立德树人根本任务的关键课程，思政课作用不可替代，思政课教师队伍责任重大。

“当前形势下，办好思政课，落实好立德树人，要放在世界百年未有之大变局、党和国家事业发展全局中来看待，要从坚持和发展中国特色社会主义、建设社会主义现代化强国、实现中华民族伟大复兴的高度来对待。我们正在为实现‘两个一百年’奋斗目标而努力。未来 30 年，我们培养的人要能够完成‘两个一百年’的伟业。这就是教育的历史责任。”

社会主义核心价值观本质上就是一种“德”，道德是人的全面发展的不竭动力和源泉。

“立德树人”，德育为先。“立德树人”是我国教育发展的根本任务，要把立德树人融入思想道德教育、文化知识教育、社会实践教育各环节，贯穿基础教育、职业教育、高等教育各领域。“立德树人”是新时代的“教育灵魂”，是中国特色社会主义教育事业的核心所在。要把立德树人与高校思想政治教育、素质教育、心理健康教育、大学文化建设、中华优秀传统文化教育、爱国主义教育等结合起来，融入教材、融入课堂、融入思想。培养学生的精神品格、人文意识，增强“四个意识”，坚定对中国特色社会主义的道路自信、理论自信、制度自信和文化自信，树立中国特色社会主义共同理想和立志报国的远大理想，帮助青年学生扣好人生的“第一粒扣子”，成为合格的社会主义建设者和可靠的接班人。

基于此，我们特别针对在新形势下，高校立德树人这一根本任务编写了本书。

本书共分为七章。第一章主要介绍了立德树人思想的内涵、特性、要求、任务、原则等问题。第二章到第七章介绍了立德树人如何融入高校思想政治教育、素质教育、心理健康教育、大学文化建设、中华优秀传统文化教育、爱国主义教育等课程教育。

本书体系完整，对立德树人做了较为全面的阐述，让读者有较为完整的认识。指导性强，紧紧结合当前将立德树人融入高校教育的要求，阐述了如何将立德树人与高校思想政治教育、素质教育、心理健康教育、优秀传统文化教育、爱国主义教育等进行结合，回答了培养什么人、怎样培养人、为谁培养人的根本问题。

由于编者水平有限，时间有限，书中难免有不足之处，恳请各位专家、学者及同行不吝赐教，若有意见或建议，请发邮件至 zxreader03@163.com，我们会及时地核对和回复，以便再版时予以完善。

编 者

2021年5月

目录

第一章

新形势下立德树人总论

立德树人是中华民族优秀育人思想的继承与弘扬，孕育、发扬了中华文明。立德树人由“立德”与“树人”组成，就是培养人才、树立德行。“立德”语出战国时期的《左传·襄公二十四年》：“太上有立德，其次有立功，其次有立言，虽久不废，此之谓不朽。”“树人”一词语出《管子·权修》：“一年之计，莫如树谷；十年之计，莫如树木；终身之计，莫如树人。”其指出人才培养对于实现中华民族发展的重要意义。新时代，立德就是要“明大德、守公德、严私德”，就是要“用社会主义核心价值观凝魂聚力，更好地构筑中国精神、中国价值、中国力量，为中国特色社会主义事业提供源源不断的精神动力和道德滋养”。

“要把立德树人的成效作为检验学校一切工作的根本标准，真正做到以文化人、以德育人，不断提高学生思想水平、政治觉悟、道德品质、文化素养……”这一精辟论述让我们认识到：第一，人无德不立，“立德”是人才培养的中心目标，对人才培养具有基础性、先导性作用；第二，“树人”是人才培养的最终目标，是教育的核心和归宿。高校人才培养工作目标的实现，其根本标准在于立德树人，只有规范落实此项工作，才能做好高校的教育工作。

第一节　新形势下立德树人的时代内涵

作为我国教育事业发展的根本任务，立德树人具有丰富深刻的内涵，其意义不仅包括了对优秀传统思想的传承，也随时代变迁有了新的发展，更是对我国教育目标“中国化”阐述的深化。

习近平总书记 2019 年 3 月 18 日在学校思想政治理论课教师座谈会上指出：“高校要在新形势下落实好立德树人这一任务，最根本的是要全面贯彻党的教育方针，解决好培养什么人、怎样培养人、为谁培养人这个根本问题。”新时代做好立德树人工作，不仅要明确“立什么德”“树什么人”，还需深入探讨立德与树人之间的关系。

一、立德的要义

立德树人是“立育人之德”与“树有德之人”的有机统一。为何将“德才兼备”“以德为先”作为用人标准和培养目标，因为“德”在个体发展中不仅居于“首位”，也是成长发展的根本方向，只有明大德、守公德、严私德，“才”方能“尽其所能”“用得其所”。“大德”“公德”“私德”丰富了立德树人的内涵，其中既包含中华文明的深厚根基，又体现了时代发展的进步精神，使“立德树人”在新时期具有崭新的科学内涵和丰富的理论意蕴。总的来说，坚持社会主义核心价值观教育为立德之基；明确中华优秀传统文化教育为立德之要；倡导公民道德教育为立德之核。

1. 坚持社会主义核心价值观教育为立德之基

社会主义核心价值观在继承发扬我国优秀传统文化的基础上广泛吸纳世界文明的有益成果，既是社会主义事业的本质要求，又充分体现时代精神，实现了国家、社会、公民不同层次价值要求的有机融合。之所以将社会主义核心价值观教育作为立德树人的基本要求，是因为社会主义核心价值观的培育和践行是从国家、社会发展角度出发的，对个体发展价值依据和基本标准的要求，也是保障社会主义事业发展兴旺发达、后继有人的根本旨归。核心价值观本质上就是一种“德”，体现在每个个体身上并“汇集”成为国家和社会的“大德”。因此，培育与践行社会主义核心价值观是“立德树人”的基本要求和有效路径，社会主义核心价值观的认同、内化、践行是立德树人的重要目标。

2. 明确中华优秀传统文化教育为立德之要

中华文化是中华民族生生不息的“精神基因”，体现着中华民族最深沉的精神追求，是中华民族发展壮大的精神标识。中华优秀传统文化是中华民族的“根”与“魂”，是民族凝聚力、创造力与生命力的活水源头，立德树人必须从中华传统文化中汲取精神营养。扎“根”于中华优秀传统文化中汲取养分，体现出中华民族之“魂”，这不仅是对中华文化的继承和发展，更是保障中华民族屹立于世界民族之林的关键所在。中华优秀传统文化内涵深远，以爱国主义为核心的民族精神与以改革创新为核心的时代精神的相互融合，构成立德树人的精神支撑。

3. 倡导公民道德教育为立德之核

提高公民道德素养是立德树人的基本要求和重要方面。要提高人民思想觉悟、道德水准、文明素养，做好两个“忠于”（忠于祖国、忠于人民），强化三个“意识”（社会责任意识、规则意识、奉献意识），不断推进社会公德、职业道德、家庭美德、个人品德建设。总的来说公民道德可以分为政治品德、社会公德以及个人品德，政治品德表现为政治信仰、理想信念、国家观念、集体观念等；社会公德包括爱岗敬业、遵纪守法、诚实守信、乐于奉献、文明礼貌、助人为乐、爱护公物、保护环境、奉献社会等；个人品德不仅指一个人的道德品质和道德能力，还包括理想信念、人生价值追求、法律素养等，是一个人世界观、人生观、价值观、道德观、法制观的集中体现与反映。坚持立德树人，以公民道德教育为基础，引导学生树立正确的“三观”，养成良好的社会公德、职业道德、个人品德，是立德树人的时代要求和重要任务。

二、树人的指向

培养什么人、怎样培养人、为谁培养人是发展我国社会主义教育事业必须解决好的根本问题。我国教育事业以立德树人为根本任务，培养坚定拥护党的领导和社会主义制度、以民族复兴大任为己任、为中国特色社会主义事业奋斗终身的社会主义建设者和接班人。这为我国教育事业到底应该培养什么样的人指明了方向，即要培养能够担当民族复兴大任的时代新人以及实现全面发展的社会主义建设者和接班人。

1. 以树时代新人为新时代追求

要培养担当民族复兴大任的时代新人，这是新时代中国特色社会主义事业发展和中华民族伟大复兴对教育培养社会主义建设者和接班人的新要求。培养能够担当民族复兴大任的时代新人，要坚持立德树人和以文化人。青年培养在实现中华民族伟大复兴中具有重要作用，青年的“兴”与“强”和国家前途和民族希望息息相关，有梦想、有本领、有担当的一代又一代青年的“接力奋斗”是实现中国梦的重要基础。在中国特色社会主义进入新时代、中国特色社会主义事业迈向新征程的新时期，能够担当民族复兴大任的时代新人应当具有坚定的理想信念、强烈的担当意识和过硬的本领能力。首先，担当民族复兴大任的时代新人，必须牢固树立共产主义远大理想和中国特色社会主义共同理想，坚定对中国特色社会主义的道路自信、理论自信、制度自信和文化自信。其次，担负民族复兴大任的时代新人，要有责任担当。有多大担当才能干多大事业，尽多大责任才能有多大成就。担当是一种品格、更是一份勇气，也是一种社会责任感。实现中华民族伟大复兴的时代新人必须勇于担当，能够担当，以艰苦奋斗、迎难而上的身姿投身新时代中国特色社会主义发展。最后，过硬的本领能力是理想信念得以实现、担当作为得以发挥的基础和条件。能担当民族复兴大任的时代新人，必然要有真才实学、也必须具备为人民服务的本领。教育工作要引导青少年下苦功夫、求真学问、练真本领，努力成为合格的社会主义建设者和接班人。

2. 以树社会主义建设者和接班人为始终坚守

立德树人教育根本任务的落实和培养德智体美劳全面发展的社会主义建设者和接班人是我国教育事业发展的核心。“德智体美劳全面发展”从坚定理想信念、厚植爱国主义情怀、加强品德修养、增长知识见识、培养奋斗精神、增强综合素质六个方面对德智体美劳全面发展做出新要求。

“社会主义建设者和接班人”是对人才培养的总体规格和价值方向的明确表述，“德智体美劳全面发展”则是对人才培养的素质结构的具体目标要求。“德智体美劳全面发展”的重要论述，与党的教育思想一脉相承，是中国特色社会主义教育理论的新发展，为落实立德树人提供了根本遵循。从“德育、智育、体育”成为我国全面发展教育的主要内容，再到将“美育”正式纳入全面发展教育，以及“五育并举”理念的正式确立，是对党的教育理论的继承弘扬与发展创新，是对我国教育改革发展实践经验的深度思考和提炼升华。值得注意的是，将劳动教育纳入全面发展教育，并赋予其时代的新内涵。新时代劳动教育的任务包括弘扬劳动精神，引导学生崇尚并尊重劳动，从内心深处认同劳动最光荣、最崇高、最伟大、最美丽，并从实践行动上辛勤、诚实、创造劳动。五育并举的实现还要求把立德树人融入并贯穿于各级各类教育的各环节、各领域，构建德智体美劳相依相促的教育体系和更高水平的人才培养体系。因此，坚持把立德树人作为中国特色社会主义教育事业的核心工作，是实现培养德智体美劳全面发展的社会主义建设者和接班人的必由之路。

三、立德与树人的关系

“立德”一词最早出现在《左转·襄公二十四年》，“太上有立德，其次有立功，其次有立言，虽久不废，此之谓不朽”，意为个体要“身死名不朽”，需要达到的最高层次是具备高尚品德，并能在个体发展过程中实现自己的理想。今天我们所强调的“立德树人”概念，不仅包含对传统思想的传承，也随时代变迁有了新的发展。推进新时代立德树人工作，还需要深入领会立德与树人之间的逻辑关系。“才者，德之资也；德者，才之帅也”，育人和育才是相统一的，育才以育人为本，育人以立德为本，立德树人的落实是检验学校教育工作的根本标准，是各级各类教育教学工作开展必须遵循的规律。

其一，立德与树人是一个有机的整体。育人与育才是辩证统一的，离开人才培养谈立德，德就成了无根之木；抛开立德谈人才培养，人就成了无源之水，二者互为依存。其二，立德是根本，树人是核心。立德是树人的前提所在，树人是立德的最终旨归；不立德就难以树人，离开树人，立德就失去了意义；立德才能树人，立什么德决定树什么人，树什么人取决于立什么德；树人先立德，立德为树人。其三，要把立德树人贯穿于人才培养全过程，立德树人是检验教育工作的根本标准。一切教育工作归根结底都是为了树人，只有把立德与树人、育人与育才的工作同时做好，才能实现真正意义上的人才培养。作为中国特色社会主义教育事业发展的核心工作，立德树人是培养德智体美劳全面发展的社会主义建设者和接班人的本质要求。

第二节　新形势下立德树人的理论特性

当前我国高等教育发展面临的环境已经发生了很多巨大的变化。新时代需要培养担当民族复兴大任的时代新人。作为思想政治教育工作者来说，我们要在这种大的背景下加强思想政治教育工作，将其确定为思想政治教育的一个重要主题。

立德树人是“立德”与“树人”的辩证统一。“德”因“人”而立，“人”因“德”而树。“立德”为“树人”，“树人”先“立德”，立什么样的“德”决定了树什么样的“人”，树什么样的“人”体现了立什么样的“德”，立德与树人是辩证有机统一的。立德树人不仅是一个理论问题，也是一个实践问题，既体现了教育的一般特性，又具有社会主义教育的特色。

一、作为理论范畴的立德树人论

（一）体现了人的社会性

历史唯物主义认为，人的本质是社会的，社会性是人的本质属性。“人的本质不是单个人所固有的抽象物，在其现实性上，他是一切社会关系的总和。”“社会关系实际上决定着一个人能够发展到什么程度。”所以，人的“德”与“才”是与社会紧密相连的，没有超历史的纯粹抽象的“德”与“才”。“立什么样的德、树什么样的人”是由社会生产力和生产关系决定的。在不同历史时期、不同社会条件下，“立什么样的德”“树什么样的人”的含义也不同。我国古代社会所讲的立德、树人，虽然是建立在私有制基础之上的，具有阶级性，多为统治阶级所需要的礼仪、教训、赏罚，但许多立论和要求已经成为中国优秀传统文化的重要内容，至今仍在发挥重要作用。到了近代，西方的“自由”“民主”思想传入中国，社会对“德”与“人”的要求开始发生转变，但所提倡的“德”与“人”的要求和赖以存在的经济基础并没有发生根本改变，只是从为一个阶级服务转到了为另一个阶级服务。这种状况直到新中国成立和社会主义制度建立后才发生根本性转变。社会主义制度的建立实现了社会关系的根本性变革，为人的社会性发展创造了条件，赋予“德”“人”以更加深刻的理论内涵和全新的时代特征；改革开放使得社会主义生产关系的优越性进一步展现出来，使得人的社会性得到了前所未有的发展。立德树人本身就是实现人的社会化的过程，主要通过三个途径来实现。

1. 文化知识社会化

文化知识社会化包括日常生活知识与文化科技知识。虽然人有着独特的大脑结构，能在后天获得知识，但人出生时没有任何知识，人的知识除了后天经验中积累的，大部分都是依靠学习得来的。青年时期是知识社会化的最基本阶段。高等教育的任务是培养具有社会责任感、创新精神和实践能力的高级专门人才，发展科学技术文化，促进社会主义现代化建设。学生通过接受高等教育比较系统地掌握本学科、专业必需的基础理论、基本知识，掌握本专业必要的基本技能、方法和相关知识，具有从事本专业实际工作和研究工作的初步能力。青年大学生在校期间，主要的任务就是学习人类实践的精神成果和各种不同的专业知识体系。因此，文化知识的社会化是青年大学生社会化的主要内容。

2. 行为规范社会化

社会规范是一定群体或社会中的成员必须履行的行为准则。行为社会化就是通过社会各种形式的教育、社会舆论以及强制性的手段，使社会规范逐渐被人们接受并内化为一种信念、习惯和传统，以约束自己行为的过程。它包括两个基本的方面：一是法律规范的社会化，即人的行为要符合法律规范、纪律、规章制度等；二是道德规范的社会化，即人的行为要符合道德规范、职业规范、风俗等。前者具有明显的强制性，而后者则往往是人们通过多方面的教育和影响而自觉起作用的。二者相互配合，共同规范着人们的行为。只要人在社会中生存，就必须养成符合社会规范的行为习惯，在社会化过程中把这些规范内化成为自身的修养，从而自觉地去履行这些规范。一个人出生以后，总会不断接受来自各方面的各种规范的训练和影响，随着年龄的增长和实践经验的丰富，个人就会懂得应该做什么，不应该做什么，并形成行为习惯，以保持自己行为与社会秩序的协调一致性。一个无知无识的个体从呱呱坠地那刻起，就开始和社会交往，父母、亲戚、朋友，交往的范围在扩大，人际关系越来越复杂，所要学习和实践的社会规范也越来越丰富。大学阶段属于青年初期，也是离开父母呵护独立自主生活的开始。大学不仅是学习知识的重要时期，而且也是行为规范社会化的重要时期。

3. 价值观念社会化

价值观念是人生观的核心，它对个人的社会行为起着引导、支持和调节的作用。虽然社会规范比价值观念更具约束性和强制性，但它必须首先内化为个人的价值观念，使个人自觉地按照社会规范的要求来约束自己，才能有效地发挥作用。对青年大学生来说，价值观念的内化过程就是通过学习和实践，继承、传递、保存和发展社会理想的过程。青年大学生价值观念社会化的程度与其理想信念的形成和巩固有很大关系。因此，大学时期必须教育学生树立崇高的社会理想，引导学生树立以全心全意为人民服务为核心的道德理想，提倡从我做起，从现在做起，从一点一滴做起，在平凡中努力实现自己的道德理想。学校在对学生进行职业理想教育时，要把为绝大多数人谋利益作为选择职业的根本出发点，树立正确的择业观，把社会需要与个人的职业理想结合起来，并尊重、支持学生在远大社会理想下实现自己的个人理想。人生理想是在个体社会化过程中逐渐形成的，同时，正确的理想观又极大地促进了个体社会化水平的提高。马克思在选择职业时说过一段催人奋进的话：“如果我们选择了最能为人类福利而劳动的职业，那么，重担就不能把我们压倒，因为这是为大家而献身。那时我们所感到的就不是可怜的、有限的、自私的乐趣，我们的幸福将属于千百万人，我们的事业将默默地、但是永恒发挥作用地存在下去，而面对我们的骨灰，高尚的人们将洒下热泪。”

（二）体现了人的主体性

主体性是人作为对象性活动的主体所具有的本质属性，是作为认识主体的人在处理外部世界关系时所表现出来的能动性，集中表现为人的自主性、主动性和创造性。

教育最本质的特点就是对知识、文化的传递和在此基础上对人的培养，并通过培养人来维持人的生存、发展和为社会服务，人的主体性贯穿始终。长期以来，对人的教育基本上是德、智、体等几方面的简单相加。但是，现实中的人是一个活生生的整体，教育所培养的人是要更好地适应现实社会的活生生的人。正如马克思所说："全部人类历史的第一个前提无疑是有生命的个人的存在。""这里所说的个人不是他们自己或别人想象中的那种个人，而是现实中的个人。"随着我国教育改革实践的深入，人们普遍认识到要在全面发展、个性发展基础上充分发挥人的潜能，培养具有主体意识，富有社会责任感、创新精神和实践能力的时代新人已成为当代教育的重要使命，而这正是立德树人的主旨所在，即以人为出发点，以人为归宿点，以人贯穿于各个方面及其始终。从理论上讲，立德树人就是要解决把受教育者培养成什么样的人、怎么培养人的问题，对人的主体性理解与认识实际上是教育展开的逻辑起点。这里的主体主要包括教师和学生两个方面。

1.教师的主体性

欲树人，先立德；欲立德，先立师德。教育是一个使教育者和受教育者都变得更完善的事业，而且只有当教育者自觉地完善自己时，才能更有利于受教育者的完善和发展。正如古人所说的："教，上所施，下所效也。"可见教师主体性的重要。没有教师的主动发展，就很难有学生的主动发展；没有教师的教育创造，就很难有学生的创造精神。学生的发展要求教师的发展，教师在学生的发展中、在师生互动的教学过程中也发展自己。在近些年的研究和实践中，人们普遍关注到了学生的主体性问题，然而，却对教师的主体性发展不够关注。事实已经证明，主体性的缺失对教师的人格、个性、创造性的形成与发展设置了障碍，进而也影响了教育社会功能的发挥。因此，培养教师的主体性成为迫切要求。立德树人不仅是对学生提的，也是对教师提的。作为教师，要从确立正确的教育思想、树立良好的职业形象、提高教学能力及专业水平等方面，发展自身主体性，这不仅是促进学生主体性发展的关键所在，也是促进自我发展的关键所在。

2.学生的主体性

大学教育的最高境界就是使受教育者能够提高主体意识，通过自我教育和自我修养达到自我发展。因此，我们的教育必须树立以人为本的观念，强化学生的主体意识，充分发挥学生的主体性，建立起有利于培养学生形成自我管理、自我教育能力和健康人格的教育模式，这本身就是立德树人。当代青年大学生的自主、自立意识不断增强，张扬个性成为鲜明的特征。与20世纪80年代青年大学生“自我奋斗、自我设计”不同，那一代青年大学生的主体观是深受国外社会思潮而形成的，有着理性思考的主体意识。当代青年大学生的主体意识则主要是一种外在的张扬，他们对各种社会思潮兴趣不大，而是对衣着、时尚等外在的东西很看重，认为与众不同就是个性。因此，教育要落实以学生为本，就是要正确认识当代青年大学生主体意识的变化，遵循青年大学生的身心发展规律和教育规律，正确理解、发挥其主导作用，真正落实学生的主体地位，促进学生主体性的发展、提高。

（三）体现了人的实践性

马克思指出：“我们不是从人们所说的、所设想的、所想象的东西出发，也不是从口头说的、思考出来的、设想出来的、想象出来的人出发，去理解有血有肉的人。我们的出发点是从事实际活动的人，而且从他们的现实生活中还可以描绘出这一生活过程在意识形态上的反射和反响的发展。”“全部社会生活在本质上是实践的。”马克思揭示了人的实践性，通过实践在改造客观世界的同时改造自己，在实践发展中获得自身的发展。人作为社会活动的主体，在把理论付诸实践的过程中不断地认识和改造着主客观世界。人的本质是具体的、实践的，立德树人不能脱离实践，要从关注青年大学生的现实生活出发，以现实社会生活为基础，服务于社会实践需要。人们通过社会实践活动这个根本途径得到思想品德的形成和发展，从而实现人的“自由全面发展”，从必然王国走向自由王国。

立德树人体现了马克思主义实践第一的观点和关于人的全面发展学说、教育与生产劳动相结合理论。历史证明，“德”不可能自然形成，而需要“立”；“人”不可能自发成才，而需要“树”。“立”，就是培育、修养、践行；“树”，就是培养、造就、锻炼。这本身就是一个实践的过程，是立者与被立者、树者与被树者互动实践的过程，是教育与社会主义生产劳动相结合的过程。

马克思主义认为，教育和生产劳动相结合是造就全面发展的人的唯一方法。这种教育必须摆脱一切剥削阶级的影响，必须实行和生产劳动相结合，进行德、智、体、美、综合技术教育为内容的全面发展教育才能实现。马克思指出：“从工厂制度中萌发出了未来教育的幼芽，未来教育对所有已满一定年龄的儿童来说，就是生产劳动同智育和体育的结合，它不仅是提高社会生产的一种方法，而且是造就全面发展的人的唯一方法。”列宁完整表述和高度评价了教育与生产劳动相结合的必要性，指出：“没有年轻一代的教育和生产劳动相结合，未来社会的理想是不能想象的，无论是脱离生产劳动的教学和教育，或是没有同时进行教学和教育的生产劳动，都不能达到现代技术水平和科学知识现状所要求的高度。”马克思和列宁都认为物质生产劳动要想达到现代科学技术水平所要求的高度，实现人的全面发展，就必须将教育和生产劳动结合起来。

我们党的教育方针也始终主张教育与生产劳动相结合，主张青年知识分子与工农相结合，强调在劳动实践中进行思想锻炼和思想改造，在与工农联系中了解社会、丰富知识、增长才干。教育与生产劳动相结合既是革命及生产的需要，也是培养社会主义新人的需要。直到现在，教育与生产劳动相结合仍然是我们社会主义教育的基本理论前提，是实现立德树人这一根本任务的基本途径。

二、作为实践范畴的立德树人论

（一）体现了建设社会主义核心价值体系的根本要求

价值是主体和客体在认识、实践中达到的一种统一，是主客体统一所具有的某种特定性质和状态。“价值体系属于社会意识范畴，是社会意识的本质体现。”任何社会的存在和发展都需要有一定的核心价值体系或主导价值体系的强力支撑。“统治阶级的思想在每一时代都是占统治地位的思想。这就是说，一个阶级是社会上占统治地位的物质力量，同时也是社会上占统治地位的精神力量。”我们是社会主义国家，人民当家做主，中国共产党是执政党，代表人民的最根本利益，所倡导和建立的是社会主义核心价值体系。要深入开展中国特色社会主义宣传教育，把全国各族人民团结和凝聚在中国特色社会主义伟大旗帜之下。要加强社会主义核心价值体系建设，积极培育和践行社会主义核心价值观，全面提高公民道德素质，培育知荣辱、讲正气、做奉献、促和谐的良好风尚。

立德树人是社会主义核心价值体系建设的应有之义。一般意义上说，人的发展是指“个人”与“类”的辩证统一的发展。个人是特定民族、特定国家、特定社会制度下的人，不同民族、不同国家、不同社会制度下的人都是不同的，价值观也不一样。“类”是把人作为人类，把不同民族、不同国家、不同社会制度下的人作为一类，人类具有基本的、根本的共同价值追求，如人道、自由、民主、平等等。二者是辩证统一的，是共性和特殊性的统一，人类可以拥有共同的价值观念，这是我们能够开展教育并能够取得效果的基础。要倡导富强、民主、文明、和谐，倡导自由、平等、公正、法治，倡导爱国、敬业、诚信、友善，积极培育和践行社会主义核心价值观。这里许多的价值观是人类文明的共同结晶，也是社会主义核心价值观的重要组成。可见，社会主义核心价值观是人类共同价值观和中国特色社会主义价值观的内在有机统一。社会主义核心价值观包括马克思主义指导思想、中国特色社会主义共同理想，以爱国主义为核心的民族精神和以改革创新为核心的时代精神，社会主义荣辱观等，最根本的是坚持马克思主义的指导地位，坚定不移地用马克思主义中国化的最新理论成果武装全党、教育人民，使其转化为人们的自觉追求。培育社会主义核心价值观的首要任务就是大力实施马克思主义理论研究和建设工程，使马克思主义中国化的重大理论成果成为引领中国社会不断发展进步的强大思想先导。践行社会主义核心价值观就是坚持马克思主义基本原理同中国具体实际相结合，不断推进理论创新，用发展着的、中国化的马克思主义指导新的实践。青年大学生是一个特殊的社会群体，具有文化水平高、思想活跃、对新事物接受快等特点，既是社会主义核心价值体系建设的一支重要力量，同时也是社会主义核心价值观教育的重要目标群体。把立德树人作为教育的根本任务，就是要求高校不仅要向青年大学生传授知识、培养他们的能力，而且要用马克思主义中国化的最新成果武装青年大学生的头脑，把社会主义核心价值体系融入青年大学生思想政治教育以及整个高校教育工作的全过程，引导青年大学生树立正确的世界观、人生观、价值观，促进他们德智体美劳全面发展，使他们成长为中国特色社会主义事业的建设者和接班人。

（二）体现了德育和智育的辩证统一

德育和智育是辩证统一的。德育是指教育者按照一定的社会或阶级要求，有目的、有计划、有系统地对受教育者施加思想、政治和道德等方面的影响，并通过受教育者积极的认识、体验与践行，使其形成一定社会与阶级所需要的品德的教育活动，即教育者有目的地培养受教育者品德的活动。智育是教育者有目的、有计划、有组织地向学生传授系统的文化科学知识和技能，以提升教育对象的智慧水平的教育活动。德育对智育起着指明方向与提供动力的作用；智育是德育的基础，科学知识的掌握有利于提高学生的社会主义觉悟和促进辩证唯物主义世界观的形成。德育与其他各育相比，是第一位的。一个人的智力高，表明他具备了一定的服务社会的条件。但是，他愿不愿意用这些本领服务于社会以及为谁服务、怎样服务都取决于他的觉悟，而这个问题要靠德育来解决。智育是一种知识和能力的传递教育。智育在于运用知识开启受教育者的心智，使人聪明起来，掌握本领。“人们的社会存在决定人们的思想。而代表先进阶级的正确思想一旦被群众掌握，就会变成改造社会、改造世界的物质力量。”这说明德育和智育统一于一切教育活动之中，统一在改造社会、改造世界的活动之中，最终就能够成为改变物质世界、人类社会和人类自己的力量。

德育与智育的辩证统一蕴含着智商与情商的辩证统一。亚里士多德说：“人的灵魂有理性和非理性，理性是人独有的，是人的本性所在，非理性则是人同动物共有的。”道德的问题主要就是理性如何指导和控制感官的问题。亚里士多德所说的理性与非理性与我们所说的智商和情商大致相当。只有智商与情商的统一才能构成人的完整的认知结构和人性结构。没有智商或没有情商的人，都不是现实的和完整的人。情绪、情感是情商的重要内容，它的特点是具有自发性和冲动性，正是这些特点使人能以满腔的热情投入到他所从事的活动中去，从而对于他有效地完成所从事的活动起到积极的推动作用。但情绪、情感有时也会产生消极作用，一旦出现这种消极作用而不给予正确引导、调节与控制，情绪、情感就难以驾驭，甚至走向反面。我们常说的“不要感情用事，要冷静地思考问题”，就是说明要用理智来控制情感的冲动与盲目性。同时，人的信仰也是情商因素的一种，人总是有信仰的，信仰是人生的精神支柱。人们正是以信仰为动力去从事各种活动，不仅如此，信仰还给人提供了理想的人生境界与奋斗目标。这就表明，信仰在人的一生中起着十分重要的作用。但是，信仰也有盲目性和自发性的特点，这就需要用理智来调节与引导，以保证信仰的科学性，从而为人的活动服务。由此可见，没有智商的情商是盲目的。与此同时，智商也需要情商来调节与补充，否则就是空洞的和僵死的，因为情商具有启动、维护、调节、定向系统功能，可以提高智商的效能。情商系统主要由内驱力、情感动力、兴趣与意志力构成，其中情感的功能最重要。马克思曾说过：“激情、热情是人类强烈追求自己的对象的本质力量。情感是人的活动不可缺少的润滑剂，没有它，人类的一切活动就难以发动和正常进行。”可以说人的情感在很大程度上决定着实践活动的能量强弱，影响并调节着实践活动的速度和持续时间的长短。积极的、健康的情感是人们进行实践活动不可或缺的因素；反之，则会干扰和阻碍实践活动的正常进行。做实际工作情商很重要，更多需要的是做群众工作和解决问题的能力，也就是适应社会的能力。老话说，万贯家财不如薄技在身，情商当然要与专业知识和技能结合。所以，凡是现实的人类活动都是智、情、意的结合，智商的导向、控制作用与情商的推动、调节作用，是保证一个人行为过程的完整与实现人的幸福、自由、全面发展不可缺少的因素。

立德树人从根本上强调人的全面发展，目标就是把人培养成一个现实的人、完整的人，这体现了德育与智育、智商与情商的辩证统一，体现了德智体美劳的辩证统一。立德树人不仅要培养学生的思想品德，还要培养人在情绪、情感、意志、耐受挫折等方面的品质，使人始终保持健康的生活情趣，始终坚定自己的信仰和追求，始终在攻坚克难时百折不回、绝不轻言放弃；立德树人不仅要使人成人，还要使人具备厚实的科学文化知识和做好工作所需要的素质能力，还要使人在学好科学理论知识的同时，注重实践锻炼、增强工作本领。所以，培养全面发展的人，必定是德育和智育、智商与情商平衡发展的人，必定是德智体美劳全面发展的人，丢掉任何一个方面，都会使立德树人这一根本任务变得残缺不全。

第三节　新形势下立德树人的总体要求和主要任务

一、新形势下立德树人的总体要求

我们党针对立德树人提出了一系列重大方针政策，并有明确具体的总体要求。

（1）高举中国特色社会主义伟大旗帜，马克思主义是我们党的指导思想，是建设中国特色社会主义的根本指针，也是立德树人必须始终高举的“旗帜”和坚持的“方向”。

（2）紧密联系全面建成小康社会和社会主义现代化建设的实际，紧密联系青年大学生思想和成长实际。立足实际、联系实际，是中国共产党人特有的作风，是中国革命、建设和改革获胜的法宝，也是立德树人必须坚持的作风和法宝。

（3）大力推进社会主义核心价值体系建设，培育和践行社会主义核心价值观。社会主义核心价值体系是兴国之魂，社会主义核心价值观是社会主义核心价值体系的内核，这两个方面是立德树人的灵魂和本质要求。

（4）坚持以人为本，遵循青年大学生素质生成规律，遵循青年大学生思想道德教育规律，遵循教育教学规律。讲规律，按规律办事，是中国共产党人求真务实的科学态度，也是立德树人必须持有的科学态度。

（5）坚持改革创新。改革是一场新的伟大革命，创新是一个民族的灵魂，改革和创新也是推进立德树人的强大动力。新形势下立德树人要提高针对性、实效性和吸引力、感染力，比以往任何时候都更加需要改革创新。

（6）努力培育面向现代化、面向世界、面向未来，有理想、有道德、有文化、有纪律，德、智、体、美全面发展的中国特色社会主义事业建设者和接班人。这是事关党和国家长治久安，事关中华民族前途命运的重大问题，也是立德树人必须解决好的根本问题。

二、新形势下立德树人的主要任务

1. 从确立远大志向做起，引导青年大学生坚定理想信念

理想指引人生方向，信念决定事业成败。青年大学生时代是激情满怀、富有朝气的时代，是放飞理想、人生出彩的时代。青年大学生一代有理想、有担当，国家就有前途，民族就有希望，实现我们的发展目标就有源源不断的强大力量。广大青年大学生要树立正确的世界观、人生观、价值观，掌握了这把总钥匙，再来看看社会万象、人生历程，一切是非、正误、主次，一切真假、善恶、美丑，自然就洞若观火、清澈明了，自然就能做出正确判断、做出正确选择。当今时代，中国青年大学生应该牢固树立什么样的理想信念呢？中国梦是全国各族人民的共同理想，也是青年应该牢固树立的远大理想。中国特色社会主义是我们党带领人民历经千辛万苦找到的实现中国梦的正确道路，也是青年应该牢固确立的人生信念。如何让理想信念在心中扎根？要把理想信念建立在对科学理论的理性认同上，建立在对历史规律的正确认识上，建立在对基本国情的准确把握上。坚定理想信念，不能空喊口号，一定要同实际相结合。如何结合实际？要围绕党的目标任务，激发广大青年的历史责任感和奋斗精神，动员广大青年在全面建设社会主义现代化国家新征程中建功立业。这些重要论述，深刻回答了青年大学生为什么要树立理想、应该树立什么样的理想、怎样树立理想的重大问题，这也是立德树人必须解决好的重大问题。

引导青年大学生坚定理想信念，要着力让理想信念在青年大学生心中扎根，用中国特色社会主义理论体系武装青年大学生头脑，用历史的眼光启示青年大学生，用伟大的目标感召青年大学生，用光明的未来激励青年大学生，凝聚起坚持和发展中国特

色社会主义、实现中华民族伟大复兴中国梦的广泛思想共识，为青年大学生坚定理想信念提供正确理论指导和强大精神支柱。要着力在实践中坚定青年大学生的理想信念，引导青年大学生培养坚韧不拔、百折不挠的精神，始终将国家富强、民族振兴、人民幸福作为努力方向，自觉将个人梦与中国梦紧密联系在一起，把满腔报国之志转化为学习的动力、工作的业绩，把积极奉献精神转化为服务人民的实际行动，用“青春梦”托起“中国梦”。

2. 从勤奋学习做起，引导青年大学生自觉践行社会主义核心价值观

青年大学生的价值取向决定了未来整个社会的价值取向，而青年大学生又处在价值观形成和确立的时期，抓好这一时期的价值观养成十分重要。这就像穿衣服扣扣子一样，如果第一粒扣子扣错了，剩余的扣子都会扣错，人生的扣子从一开始就要扣好。知识是树立核心价值观的重要基础。青年大学生正处于学习的黄金时期，应该“把学习作为首要任务，作为一种责任、一种精神追求、一种生活方式”“为学之要贵在勤奋、贵在钻研、贵在有恒”。青年大学生要“既读有字之书，也读无字之书”；既要专攻博览，也要关注社会；既要善于向书本学习，也要善于向实践学习，在理论与实践的互动过程中，增长能干事、干成事的本领。这些重要论述深刻揭示了学习的本质和目的，阐释了勤奋学习对于树立和培养社会主义核心价值观的重要性，也要求立德树人着力引导青年大学生勤奋学习。

引导青年大学生树立和培养社会主义核心价值观，要求青年大学生勤于学习、敏于求知，注重把所学知识内化于心，形成自己的见解，既要钻研业务，又要关心国家、关心人民、关心世界，学会担当社会责任。要着力让学习成为青年大学生成长进步的阶梯，教育青年大学生努力扩大知识半径，刻苦学习，把握人生道理，领悟人生真谛，体会人生价值，实践人生追求。要引导青年大学生学会思考、善于分析、正确抉择，做到稳重自持、从容自信、坚定自励。要引导青年大学生迈稳步子、夯实基础、久久为功，扎扎实实干事，踏踏实实做人。核心价值观的养成绝非一日之功，要坚持由易到难、由近及远，努力把核心价值观的要求变成青年大学生日常的行为准则，进而形成其自觉奉行的信念理念，引导青年大学生在时代大潮中建功立业，成就自己的宝贵人生。

3. 从培养创新精神做起，引导青年大学生勇于创新创造

综合国力的竞争，说到底就是创新能力的竞争。在创新方面，谁动作快，谁就会抢占先机，掌握制高点和主动权；谁动作慢，谁就会丢失机会，被别人甩在后边。“唯

创新者进，唯创新者强，唯创新者胜”。青年是社会上最富活力、最具创造性的群体，理应走在创新创造前列。青年大学生要充分发挥敢想、敢闯、敢为天下先的特点，把创新创造的理念融入自己的学习生活中，着力在提高丰富的想象力、敏锐的观察力上下功夫，在挖掘创新潜能、提高创新能力上下功夫，以一往无前的进取精神投身到创新实践中去。要培养敢为人先、开拓进取的锐气，树立在继承前人的基础上超越前人的雄心壮志；培养逢山开路、遇水搭桥的意志，为了创新而百折不挠、勇往直前；培养探索真知、求真务实的态度，在创新中不断积累经验、取得成果。要脚踏祖国大地，胸怀人民期盼，找准专业优势和社会发展的结合点，找准先进知识和我国实际的结合点，力争有所突破、有所发展、有所建树，真正使创新创造落地生根、开花结果。这些重要论述，反映了我们党的深谋远虑，指明了青年大学生创新的方向，也要求立德树人要着力培养青年大学生的创新精神。

引导青年大学生勇于创新创造，要着力培养创新人才，全面深化教育改革，更加重视教育理念创新、教育模式创新、教育方法创新，更加重视打牢创新基础、倡导创新精神、激发创新活力，更加重视发展创新文化、完善创新机制、营造创新氛围，大幅提高教育培养创新人才的能力和水平。要着力搭建创新平台，积极打造创新载体，组织青年大学生结合学习活动、本职工作开展创新活动，挖掘青年大学生创新潜能，激发青年大学生创新活力，促进创新链、产业链、市场链环环相扣、有机衔接，为青年大学生创新提供更多的机会、更好的平台、更大的空间。

4. 从培育优良作风做起，引导青年大学生矢志艰苦奋斗

人类的美好理想都不可能唾手可得，都离不开筚路蓝缕、手胼足胝的艰苦奋斗。没有艰苦奋斗精神的国家难以发展进步，没有艰苦奋斗精神的民族难以自立自强，没有艰苦奋斗精神的青年大学生难以担当重任。现在，我们比历史上任何时期都更接近实现中华民族伟大复兴的目标，比历史上任何时期都更有信心、更有能力实现这个目标。“我们要继续赶考”，距离实现中华民族伟大复兴的目标越近，我们越不能懈怠，越要加倍努力，越要动员广大青年大学生为之奋斗。广大青年要牢记“空谈误国、实干兴邦”，立足本职、埋头苦干，从自身做起，从点滴做起，用勤劳的双手、一流的业绩成就属于自己的人生精彩。要把艰苦环境作为磨炼自己的机遇，不怕困难，攻坚克难，一步一个脚印往前走，勇于到条件艰苦的基层、国家建设的一线、项目攻关的前沿，经受锻炼，增长才干。要勇于创业、敢闯敢干，努力在改革开放中闯新路、创新业，让“中华民族伟大复兴终将在广大青年的接力奋斗中变为现实”。这些重要论述，深刻阐明了艰苦奋斗的时代意义，明确提出了青年大学生艰苦奋斗的根本要求，也要求立德树人要着力培养青年大学生的艰苦奋斗精神。

引导青年大学生矢志艰苦奋斗，要着力教育青年大学生把艰苦奋斗作为一种政治本色来坚守，在任何时候，在任何情况、任何条件下，守牢作风底线、守好精神家园，把艰苦奋斗这个传家宝一代一代传下去，做到永远奋斗、永不褪色；把艰苦奋斗作为一种价值来追求，时刻绷紧艰苦奋斗这根弦，在市场经济大潮中始终不为名利所扰、不为诱惑所困，在学习、工作和生活中勤俭办一切事情；把艰苦奋斗作为一种行为方式来践行，自觉做艰苦奋斗精神的传播者和践行者，用艰苦奋斗的正能量推动实现中华民族伟大复兴的中国梦。

5. 从加强道德修养、注重道德实践做起，引导青年大学生锤炼高尚品格

道德之于个人、之于社会，都具有基础性意义，做人做事第一位的是崇德修身。德是首要，是方向，一个人只有明大德、守公德、严私德，其才方能用得其所。修德，既要立意高远，又要立足平实。要立志报效祖国、服务人民，这是大德，养大德者方可成大业。同时，还得从做好小事、管好小节开始起步，踏踏实实修好公德、私德，学会劳动、学会勤俭，学会感恩、学会助人，学会谦让、学会宽容，学会自省、学会自律。这些重要论述在社会上耸立起道德标杆，为青年大学生立德做人指明了途径。

引导青年大学生锤炼高尚品格，要着力引导青年大学生形成正确的道德认知，牢记“从善如流、从恶如崩”的道理，继承发扬中华民族传统美德，始终保持积极的人生态度、良好的道德品质、健康的生活情趣，努力做到慎始、慎独、慎微，守得住做人、处事、用权、交友的底线。要着力引导青年大学生形成自觉的道德养成，带头倡导良好的社会风气；自觉加强思想道德修养，弘扬爱国主义、集体主义、社会主义思想；自觉倡导社会公德、职业道德、家庭美德；自觉培养团结互助、诚实守信、遵纪守法、艰苦奋斗的良好品质。要着力引导青年大学生参加积极的道德实践，大力开展学雷锋、学道德模范等道德活动，大力实践奉献、友爱、互助、进步的志愿精神，大力弘扬中华民族的优秀品德，大力开展守信光荣、失信可耻教育，把追求真、善、美作为人生目标，以自己全部的情感、意志、信念去践行理想、创造价值，实现高尚人生目标和创造有价值人生的有机统一。

第四节 新形势下立德树人的基本经验和基本原则

一、新形势下立德树人的基本经验

我们党历来重视立德树人工作，在创造性的实践中积累了十分宝贵的经验。归结起来主要有以下六条。

1. 坚持把马克思主义作为根本指针，始终保持立德树人的正确方向

科学的理论是立德树人的行动指南。必须坚持用马克思主义指导立德树人工作，使之始终沿着正确的政治方向前进。要坚持用中国特色社会主义理论体系武装人，根据青年大学生的特点，由浅入深、循序渐进地进行辩证唯物主义和历史唯物主义基本观点的教育，引导他们逐步认识社会发展规律，全面认识国情，增强对中国特色社会主义事业的理解和认同，打牢提高思想道德素质的理论基础。

2. 坚持把培养有理想、有道德、有文化、有纪律的公民作为根本目标，不断培育社会主义事业的合格建设者和可靠接班人

立德树人必须注重引导青年大学生树立为祖国、为人民贡献智慧和力量的正确理想，坚定走社会主义道路和建设社会主义的信念，形成爱国守法、明礼诚信、团结友善、勤俭自强、敬业奉献的基本道德，掌握为祖国、为人民服务所需要的科学文化知识和本领，养成遵守法律、社会公德和社会生活基本规范的良好习惯，实现德、智、体、美全面发展，努力成为社会主义事业的合格建设者和可靠接班人。

3. 坚持把树立正确的世界观、人生观、价值观作为根本任务，不断促进青年大学生形成正确的思想道德观念

树立正确的世界观、人生观、价值观是青年大学生成长中的根本问题，也是决定立德树人工作成败的根本问题。必须在青年大学生中培育和弘扬社会主义核心价值观，积极主动、切实有效、持之以恒地开展思想道德教育，加强爱国主义、集体主义、社会主义教育，引导他们增强辨别是非、善恶、美丑的能力，增强抵制错误思潮和腐朽思想侵蚀的能力，使他们能够正确认识世界、正确对待人生、正确选择生活道路、正确把握生活准则。

4. 坚持把理论教育与社会实践相结合作为根本途径，不断提高立德树人的成效

立德树人必须坚持理论教育与社会实践相结合，既重视课堂教育又重视社会实践，既进行认知教育又开展实践教育，使青年大学生在社会实践中向人民学习，了解社会，磨炼意志，培养创新精神和实践能力，努力做到知与行的统一，成为既有崇高理想又能脚踏实地为祖国、为人民服务的人才。

5. 坚持把开拓创新作为根本动力，推动立德树人与时俱进

贴近实际、贴近生活、贴近青年大学生，创新观念、方法、途径，积极探索有利于破解工作难题的新举措、新办法，把解决思想问题与解决实际问题相结合，不断提高工作的针对性、实效性和吸引力、感染力，使立德树人更好地体现时代性、把握规律性、富于创造性。

6. 坚持把全党重视、全社会共同参与作为根本举措，不断增强立德树人的合力

立德树人是一项系统工程，需要全党重视、全社会共同参与。必须坚持把青年大学生思想道德建设摆在党和国家工作的重要位置，大力倡导关心青年大学生思想道德建设的社会主义新风尚，充分调动社会各方面的积极性，有效整合社会资源，形成促进青年大学生健康成长的强大合力。

这些经验体现了立德树人的本质性，是立德树人的重要基础，对于我们进一步推进立德树人工作具有重要指导意义，必须长期坚持。同时，要根据时代发展的要求，坚持与时俱进、开拓创新，在实践中不断开创立德树人工作的新局面。

二、新形势下立德树人的基本原则

立德树人的基本原则是指推进立德树人必须遵循的基本准则和规范。

1. 坚持教书与育人相结合

习近平总书记 2019 年 3 月 18 日在学校思想政治理论课教师座谈会上指出：“教师承载着传播知识、传播思想、传播真理，塑造灵魂、塑造生命、塑造新人的时代重任。思政课教师，要给学生心灵埋下真善美的种子，引导学生扣好人生第一粒扣子。”

教书与育人相结合是我国教育事业必须为社会主义现代化服务和培养德智体美劳全面发展的社会主义建设者和接班人的基本要求。教书与育人密不可分，是一个整体的两个方面。教书是育人的基础，育人是教书的目的。离开育人，教书便从根本上失去了意义。学校是培养人才的重要基地，无论是传授知识还是进行思想教育，都是为了育人。必须把立德树人作为教育的根本任务。办好学校，首先要解决好培养什么人、怎样培养人这个根本问题。我国学校办得怎么样？我国教育事业发展得怎么样？首先要看培养出来的学生是否合格，特别是他们的思想政治素质是否合格。

坚持教书和育人结合，学校要始终不渝地全面贯彻党的教育方针，坚持“学校教育，育人为本；德智体美，德育为先”。全面深化教育改革，把社会主义核心价值体系融入国民教育全过程，深入推动中国特色社会主义理论体系进教材、进课堂、进头脑，培育和弘扬社会主义核心价值观，引导学生形成正确的世界观、人生观、价值观，培养学生团结互助、诚实守信、遵纪守法、艰苦奋斗的良好品质，着力提高学生服务国家服务人民的社会责任感、勇于探索的创新精神、善于解决问题的实践能力；强化体育课和课外锻炼，促进青年大学生身心健康、体魄强健；改进美育教学，提高学生审美和人文素养；弘扬劳动精神，教育引导学生崇尚劳动、尊重劳动。全方位推进立德树人，多方面促进学生全面发展，源源不断地培养造就社会主义事业的建设者和接班人。

2. 坚持教育与自我教育相结合

教育与自我教育相结合，既体现了对教育者的重视，又体现了对受教育者的尊重，是外部教育和内在教育的统一，是“以人为本”理念在立德树人中的体现。

坚持教育与自我教育相结合，既要充分发挥学校教师、党团组织的教育引导作用，又要充分调动学生的积极性和主动性，引导他们自我教育、自我管理、自我服务。既要加大教育引导的力度，又要激发受教育者的内在动力。要切实加强学校党政干部和共青团干部、思想政治理论课和哲学社会科学课教师、辅导员和班主任这三支队伍的建设，特别是要采取有力措施，按照政治强、业务精、纪律严、作风正的要求，着力建设一支高水平的辅导员和班主任队伍，使他们在立德树人工作中发挥更大作用。要发挥党的政治优势和组织优势，把符合条件的优秀学生吸收到党内来，把党支部建在大学班级上，使学生党员发挥先锋模范作用，使学生党支部成为立德树人的坚强堡垒。要充分发挥团组织在教育、团结和联系学生方面的优势，把广大青年学生紧密团结在党的周围，竭诚为学生成长成才服务。要发挥学生会、研究生会的桥梁和纽带作用，开展生动有效的立德树人活动。要积极调动学生自我教育、自我管理、自我服务的积极性和主动性，着力加强班集体建设，组织开展丰富多彩的活动，发挥团结学生、组织学生、教育学生的作用。要加强对学生社团的领导和管理，高度重视学生生活社区、网络虚拟群体等新型学生组织的思想政治教育工作。

3. 坚持政治理论教育与社会实践相结合

政治理论教育与社会实践相结合是人才成长规律和教育规律的内在统一。立德树人首先要解决好理想信念问题。理想信念是做人的根本，只有树立崇高理想和远大志向，从小打牢思想道德基础，学习才有动力，前进才有方向，成才才有保障。如何坚定理想信念？要让理想信念在心中扎根，“把理想信念建立在对科学理论的理性认同上，建立在对历史规律的正确认识上，建立在对基本国情的准确把握上”。坚定理想信念不能空喊口号，要同实际相结合，“在实现中国梦的生动实践中放飞青春梦想”。

坚持政治理论教育与社会实践相结合，要充分发挥课堂教育教学的主导作用和思想政治理论课的主渠道作用，理直气壮地讲授马克思主义、宣传社会主义核心价值体系，不断增强理论自信、道路自信、制度自信、文化自信。全面加强大学思想政治理论课学科建设、课程体系建设和教师队伍建设，切实改革教学内容、改进教学手段，努力增强思想政治理论课的吸引力和感染力。要发挥哲学社会科学学科课程在立德树人中的重要作用，精心组织编写哲学社会科学重点学科教材，努力形成以当代马克思主义为指导的具有中国特色、中国风格、中国气派的哲学社会科学学科体系和教材体系。要发挥各门课程的育人功能，深入发掘其立德树人资源，把立德树人融入学生学习的各个环节。要大力建设体现社会主义特点、时代特征和学校特色的校园文化，广泛开展丰富多彩、积极向上的学术、科技、体育、艺术和娱乐活动，把德育与智育、体育、美育有机结合起来，寓教育于文化活动之中。要引导学生深入开展社会实践活动，拓展立德树人的有效途径，引导学生走入社会这个大课堂，探索和建立与专业学习、服务社会、勤工助学、择业就业、创新创业相结合的社会实践新机制，到基层去，到工农群众中去，在自觉广泛的社会实践中熏陶思想感情、充实精神生活、提高道德境界、增长知识才干。

4. 坚持解决思想问题与解决实际问题相结合

解决思想问题与解决实际问题相结合是提高立德树人实效的重要方法。青年大学生处在成长阶段，他们的思想不仅容易受到社会环境中各种因素的影响，也容易受到个人遇到的具体困难和问题的影响。因此，他们的一些具体思想问题，有些需要通过提高思想认识来解决，有些则需要通过解决他们所遇到的一些具体困难和问题来解决，也就是说，既要教育、引导他们，又要关心、帮助他们。立德树人首先是要解决人的思想问题，而思想问题在很多情况下又是由实际问题引起的，这就要求我们必须把帮助青年大学生解决思想问题和实际问题有机结合起来，把工作的着力点放在解决学生实际生活中遇到的问题上来。

坚持解决思想问题与解决实际问题相结合，既要摆事实、讲道理，以理服人，耐心细致，循循善诱，进行疏导、开导、引导，不断提高青年大学生的思想认识和精神境界；又要关心人、办实事，以情感人，春风化雨，润物无声，帮助青年大学生处理好成长过程中学习成才、择业交友、健康生活等方面的具体问题。要深入了解学生、服务学生，为学生办实事、做好事、解难事，改善学习条件，加强就业服务指导，完善困难学生资助机制，帮助家庭贫困的学生完成学业。要针对当代青年大学生的特点，抓好心理健康咨询和教育工作，促使青年大学生形成和保持健康的心理素质。

5. 坚持教育与管理相结合

坚持教育与管理相结合是立德树人的内在要求。立德树人要取得成效，不仅本身要加强力度、改进方法，还要充分发挥管理的作用，依照法律和规章制度加强和改进学校管理。只教不管或单纯依靠行政管理都不能达到预期的目的。只有在教育中结合管理，在管理中渗透教育，才能取得最佳的教育效果。管理能保证德育的有效实施，德育又能提高学生服从管理、遵守纪律的自觉性，两者相得益彰。

坚持教育与管理相结合，要努力构建立德树人的长效机制，紧紧抓住制度建设这个更具根本性、全局性、稳定性、长期性的重要环节，建立起既能立足当前，有效解决突出问题，又能着眼长远，保证工作不断推进的工作制度。要着重建立和完善立德树人的领导体制。在地方要建立和完善党委统一领导、党政群齐抓共管、有关部门各负其责、全社会大力支持的领导体制，形成全党全社会全力支持的强大合力；在学校要建立和完善党委统一领导、党政齐抓共管、专兼职队伍相结合、全校紧密配合、学生自我教育的工作体制，把德育融入教学、科研、管理、服务之中，形成全校上下共同推进的强大合力。要着力建立六种长效工作机制。一是发挥课堂主导作用的长效工作机制，确保所有教师都履行育人职责，所有课程都发挥育人功能。二是深入开展社会实践的长效工作机制，引导青年大学生深入社会、了解社会、服务社会。三是大力推进校园文化建设的长效工作机制，为青年大学生提高素质和健康成长提供强大的精神动力。四是实施为青年大学生办实事好事的长效工作机制，在关心人、帮助人中教育人、引导人。五是加强德育队伍建设的长效工作机制，为立德树人提供组织保证。六是营造良好社会环境的长效工作机制，努力营造良好的舆论、文化和校园周边环境。

要严格照章办事，通过规范青年大学生的学习、生活和行为，促使他们自觉遵守各项规章制度和社会公德，逐步养成良好的行为习惯。要充分发挥青年大学生的内在潜能，激发青年大学生的自律意识，使自律与他律相辅相成。

6. 坚持继承优良传统与改进创新相结合

坚持继承优良传统与改进创新相结合，是推进立德树人的根本动力。继承和创新的关系是一脉相承而又与时俱进的关系。我们党在长期的革命、建设和改革开放中，形成了较为系统的立德树人优良传统，积累了丰富的立德树人工作经验，这些经验体现了立德树人的本质属性，是当前开展立德树人工作的重要基础。但时代在发展，情况在变化，立德树人也必须依据时代的发展、情况的变化而改进和创新。当代青年大学生接触新事物多，信息面广，思维敏捷，这些特点也要求我们在继承党的立德树人优良传统的基础上，积极探索新形势下立德树人的新途径、新办法，努力体现时代性，把握规律性，富于创造性，增强实效性。

坚持继承优良传统与改进创新，要坚持与培育"四有"新人的目标相一致、与社会主义市场经济相适应、与社会主义法律规范相协调、与中华民族传统美德相承接，既要体现优良传统，又要反映时代特点，始终保持生机与活力。要坚持从实际出发，研究青年大学生的行为特点，探索青年大学生思想认识与环境变化的内在联系，把握青年大学生思想成长的规律，认真研究立德树人的新情况新问题，认真解决立德树人存在的突出问题，紧紧抓住影响立德树人观念形成和发展的关键环节，确定立德树人的重点内容，创新教育方法和手段，确定合适的内容，选择恰当的方式，开展有针对性的教育和引导活动，因势利导，因材施教，因人施教，做到入耳、入脑、入心。要坚持贴近实际、贴近生活、贴近青年大学生，既要遵循思想道德建设的普遍规律，又要适应青年大学生身心成长的特点和接受能力，从他们的思想实际和生活实际出发，深入浅出，寓教于乐，循序渐进。多用鲜活通俗的语言，多用生动典型的事例，多用喜闻乐见的形式，多用疏导的方法、参与的方法、讨论的方法，进一步增强工作的针对性和实效性，增强吸引力和感染力。要坚持知与行相统一，既要重视课堂教育，更要注重实践教育、体验教育、养成教育，注重自觉实践、自主参与，引导青年大学生在学习道德知识的同时，自觉遵循道德规范。要根据青年大学生接收信息途径发生的新变化，全面加强校园网络建设，善于运用互联网等现代技术，把立德树人的内容有机融入其中，开展生动活泼的网络立德树人活动，增强网络立德树人的吸引力和感染力，形成网络立德树人工作体系，牢牢把握网络立德树人的主动权。

第五节 新形势下立德树人的时代价值和现实要求

道德之于个人、之于社会，都具有基础性意义，做人做事第一位的是崇德修身。立德树人，首先要立德。一个人只有明大德、守公德、严私德，其才方能用得其所。立德树人事关青年大学生健康成长和全面发展，事关中国特色社会主义事业的兴旺发达和蓬勃发展，事关党和国家的前途命运和长治久安。

一、新形势下立德树人的时代价值

1. 立德树人是实现中国梦的必然要求

实现国家富强、民族振兴、人民幸福和中华民族伟大复兴的中国梦，是艰巨而长期的事业，需要一代又一代中华儿女为之不懈奋斗。青年大学生是党和国家的希望，是中华民族的希望。中华民族伟大复兴的事业要靠今天的青年大学生去继承，国家富强、民族振兴、人民幸福的未来要靠今天的青年大学生去开创。只有立德树人，培养造就千千万万具有高尚思想品质和良好道德修养、掌握现代化建设所需要的丰富知识和扎实本领的建设者和接班人，才能全面建成小康社会，才能建成富强、民主、文明、和谐的社会主义现代化国家。

立德树人是中国梦的应有之义。我们的人民热爱生活，期盼有更好的教育、更稳定的工作、更满意的收入、更可靠的社会保障、更高水平的医疗卫生服务、更舒适的居住条件、更优美的环境，期盼着孩子们能成长得更好、工作得更好、生活得更好。“十个期盼”中，“更好的教育”列首位，其他各项“期盼”都与教育密切相关。“更好的教育”本身就包含立德树人。这充分说明立德树人既是中国梦的基本内涵，也是实现中国梦的重要载体。

2. 立德树人是坚持中国道路、弘扬中国精神、凝聚中国力量的必然要求

中国特色社会主义道路来之不易，它是在改革开放四十多年的伟大实践中走出来的，是在中华人民共和国成立七十多年的持续探索中走出来的，是在对近代以来一百八十多年中华民族发展历程的深刻总结中走出来的，是在对中华民族五千多年悠久文明的传承中走出来的，具有深厚的历史渊源和广泛的现实基础，必须继续拓展和走好。只有坚持立德树人，才能教育引导好青年大学生增强对中国特色社会主义

的理论自信、道路自信、制度自信、文化自信，坚定不移地沿着正确的中国道路奋勇前进。

中国精神是以爱国主义为核心的民族精神，是以改革创新为核心的时代精神。这种精神是凝心聚力的兴国之魂、强国之魂。爱国主义始终是把中华民族紧紧团结在一起的精神力量，改革创新始终是激励我们在改革开放中与时俱进的精神力量。只有坚持立德树人，才能教育引导好青年大学生弘扬伟大的民族精神和时代精神，不断增强团结一心的精神纽带、自强不息的精神动力，永远朝气蓬勃地迈向未来。

中国力量是中国各族人民大团结的力量。这种力量是人生出彩、梦想成真的力量，是同祖国和时代一起成长与进步的力量，是创造一切美好事物的力量。紧密团结，万众一心，为实现共同梦想而奋斗，实现梦想的力量就会无比强大。只有坚持立德树人，才能教育引导好青年大学生牢记使命，心往一处想，劲往一处使，用每个人的智慧和力量汇集起不可战胜的磅礴力量。

3. 立德树人是提高全民族素质、促进人的全面发展的必然要求

提高全民族素质、促进人的全面发展，是中国特色社会主义现代化的重要内容。青年大学生的素质不仅直接关系现阶段中华民族的素质，而且直接关系未来中华民族的素质。提高青年大学生的素质，是提高全民族素质、促进人的全面发展的基础性工作。青年大学生时期既是长身体、学知识的最佳时期，也是世界观、人生观、价值观形成的关键时期。在这个时期形成的素质对他们的一生影响很大。提高全民族的素质就要提高青年大学生的素质，促进人的全面发展也要促进青年大学生的全面发展。只有坚持立德树人，才能把我国青年大学生培养成有志向、有梦想、爱学习、爱劳动、爱祖国，“珍惜美好时光，砥砺品德，陶冶情操，刻苦学习，全面发展，掌握真才实学”的人，进而为提高全民族素质、促进人的全面发展提供坚实的基础。

4. 立德树人是把握好教育本质属性要求的必然要求

教育是人类社会特有的实践活动，它随着人类社会的产生而产生，随着人类社会的发展而发展。教育是人类传承文明和知识、培养年轻一代、创造美好生活的根本途径。

传承文明和知识是教育的本质特征。教育具有永恒性，社会的存在和延续离不开教育。在任何社会，教育都承担传承和弘扬文化的任务，承担传授生产知识、技能和经验的任务，承担传授社会意识、风俗习惯和行为规范的任务。一个国家、一个民族的强盛，总是以文化兴盛为支撑的，中华民族伟大复兴需要以中华文化发展繁荣为条

件。教育在文化繁荣发展中具有基础性和不可或缺的重要作用。离开教育，文明就会断层，文化发展就会止步。传承文明和知识是教育的本质特征，必须把立德树人作为教育的价值追求。

培养年轻一代是教育的根本任务。教育具有历史性，在不同的社会或不同的历史时期，教育的性质、目的、内容等都不尽相同。培养什么人，是教育的首要问题。在阶级社会，教育表现出鲜明的阶级性。统治阶级必然把自己的利益、愿望、要求反映到教育上，使受教育者尤其是年轻一代适应现存生产力和生产关系的需要。要紧紧围绕培养中国特色社会主义事业合格建设者和可靠接班人这个根本任务，全面贯彻党的教育方针，把握立德树人的根本任务，抓住社会主义核心价值体系、中华优秀传统文化两个教育重点，形成爱学习、爱劳动、爱祖国的有效形式和长效机制，增强学生的社会责任感、创新精神和实践能力。尤其要强化体育课和体育锻炼，促进青年大学生身心健康、体魄强健；改革美育教学，提高学生审美和人文素养。培养年轻一代是教育的重要使命，必须把立德树人作为教育的根本任务。

创造美好生活是教育的最终目的。教育具有工具性，人们之所以重视教育，一个重要原因是为了让自己、让后代过上美好的生活。“孩子们成长得更好，是我们最大的心愿”“下一代要过上好生活，首先要有文化，这样将来他们的发展就完全不同”“要努力让每个孩子享有受教育的机会”“获得发展自身、奉献社会、造福人民的能力”。教育是为了创造美好生活，必须把立德树人作为教育的最终目的。

5. 立德树人是增强我国发展后劲和国际竞争力的必然要求

要增强我国发展后劲和国际竞争能力，必须提高人才素质、培养创新人才。

提高人才素质要从立德树人抓起。无论现在还是未来，综合国力竞争的实质是人才竞争，而人才竞争归根结底是人的素质的竞争，人才是衡量一个国家综合国力的重要指标。没有一支宏大的高素质人才队伍，全面建成小康社会的奋斗目标和中华民族伟大复兴的中国梦就难以顺利实现。中华民族要始终屹立于世界先进民族之林，就必须培养一代又一代的高素质人才。“中国这么多人，教育上去了，将来人才会像井喷一样涌现出来。”未来我国的人才大军，必然要以现在的青年大学生为主体。要使青年大学生成为对祖国、对人民的有用之材，就必须立德树人，使他们从小就树立起热爱祖国、决心为祖国的繁荣富强贡献自己全部力量的坚定信念，树立起自强不息、不怕任何艰难险阻、勇往直前的奋斗精神，树立起与时俱进、昂扬向上、勇于创新的开拓意识，努力成为祖国现代化事业发展的强大后备军。

培养创新人才要从立德树人抓起。综合国力的竞争，说到底就是创新能力的竞争。谁能在创新上下先手棋，谁就能掌握主动。国际竞争历来就是时间和速度的竞争，谁动作快，谁就能抢占先机，掌握制高点和主动权；谁动作慢，谁就会丢失机会，被别人甩在后边。当前，我国发展进入新阶段，面临许多新问题。要突破自身发展的瓶颈、解决深层次矛盾和问题，根本出路就在于创新。在日趋激烈的全球综合国力竞争中，必须坚持走中国特色自主创新道路，敢于走别人没有走过的路，不断在攻坚克难中追求卓越，加快向创新驱动发展转变。同时，我国要走创新发展之路，必须高度重视创新人才的聚集，择天下之英才而育之。人是一个整体，包括思想道德、科学文化、身体、心理等诸多方面的素质，思想道德是其中最重要的组成部分，是核心，是灵魂，关系到一个人生活和创新的目的、方向和动力。忽视思想道德教育，我们就不可能培养高端创新人才。只有坚持立德树人，才能培养出高端创新人才。

6. 立德树人是实现党和国家长治久安的必然要求

青年大学生的成长，牵动亿万家长的心，涉及亿万家庭的幸福，关乎最广大人民的根本利益。关心青年大学生的成长，为他们的身心健康发展创造良好的条件和社会环境，是党和国家义不容辞的职责，也是实现好、维护好、发展好最广大人民根本利益的重要方面。立德树人，关心爱护青年大学生，既是开创国家和民族更加美好的未来的战略工程，也是实现亿万家庭最大希望和切身利益的民心工程。

当前，敌对势力同我们争夺下一代的斗争依然十分尖锐复杂。他们通过各种途径和手段向我国青年大学生传播西方资产阶级的政治观点、价值观念、生活方式，企图用潜移默化的方式使年轻一代全盘接受西方的价值观和政治制度，最终达到他们企图推翻中国共产党领导地位和我国社会主义制度的政治目的。在这种情况下，必须坚持立德树人，在大力提高青年大学生科学文化素质和健康素质的同时，下功夫提高青年大学生思想政治素质，引导他们树立正确的理想信念，增强政治鉴别力，有效防范和抵御敌对势力的思想渗透，确保党和国家的长治久安。

二、新形势下立德树人的现实要求

“坚持把立德树人作为教育的根本任务，在根本上明确回答了新时代中国特色社会主义教育要做什么的问题”。实际上，新时代“立德树人”就是要立社会主义之德，树社会主义事业的建设者和接班人，这既是个体健康成长和全面发展的内在诉求，也是中国特色社会主义事业不断推进的现实要求。立德树人是教育工作的中心环节，要贯穿于教育教学的全过程、全方位。要把立德树人融入并贯穿于各级各类教育的各环节、各领域，构建基础教育、职业教育、高等教育全覆盖，思想政治教育、知识文化教育、社会实践教育全包括的育人体系，学科、课程、教学、教材、管理、评价等工作都要围绕立德树人工作有序开展。

要全员育人、全过程育人和全方位育人。全员育人指明了学校、家庭、社会、个人都是育人主体；全过程育人包括课程体系、教学体系、教材体系、评价体系、管理体系的协同作用，并贯穿学生成长发展的全过程；全方位育人阐明了课程、文化、实践、管理、网络、自我育人的整体效应。全员、全过程、全方位育人及其各自包含的要素构成了立德树人工作的“三全”统筹模式，是新时代推进立德树人工作的现实要求。

1. 全员育人

全员育人指学校、家庭、社会和个人都是育人主体，在立德树人工作中发挥各自的教育作用。人才培养目标的实现，需要学校教育、家庭教育、社会教育、自我教育的协同作用。其中学校教育是有组织、有计划地按照党的教育方针，促进立德树人工作推进的主要阵地；家庭教育是父母及其他家庭成员作为教育者，以身作则发挥示范作用，在“润物细无声”中增强立德树人工作实效的重要组成；社会教育主要是依靠社会各方通过各种途径，包括社会舆论、社会实践和社会环境等作为落实立德树人工作的重要力量；自我教育是个体作为道德养成的主体，通过外引内发的方式实现主体价值建构，目的在于促进道德品质的形成和完整人格的养成。因此立德树人工作的推进，要在党和政府的坚强领导下，把学校育人、家庭育人、社会育人和自我教育结合起来，在全员育人教育理念的引领下，创设全员育人的有效路径，完善全员育人的制度保障，加强各主体间的有效沟通和互动以形成教育合力，从而实现立德树人教育效应的最大化。

2. 全过程育人

立德树人工作不是一蹴而就完成的，也不是单一学段的教育任务或只通过课堂教学就能实现的，而是一项系统工程。对于各级各类教育来说，学科体系、教材体系、教学体系、评价体系、管理体系以及教师的“教”和学生的“学”都要围绕立德树人来进行。因此，全过程育人不仅要求立德树人要贯穿学生成长的全过程，也要求课程体系、教学体系、教材体系、评价体系、管理体系协同发挥育人作用。教材是课程内容的主要载体，课程是实现育人目标的重要基础，教学是实现育人目标的重要手段，评价是实现育人目标的重要导向，管理是实现育人目标的重要保障。立德树人要渗透到各级各类教育教学工作的各方面和全过程，构建具有中国特色的人才培养体系，完善综合协调的体制机制，全面深化课程改革，推进育人方式变革，营造体现时代特征的立德树人新格局，这既是对教育教学规律和学生成长规律的遵循，也是新时代推进立德树人工作的重要途径。

3. 全方位育人

课程、文化、实践、管理、网络及自我等都是立德树人的有效路径，只有将其有机结合，才能增强立德树人的整体效应。具体来说，课程育人是立德树人的重要途径，是学校教育教学活动的基础，直接影响人才培养的质量。文化育人在立德树人工作中表现出非显性、渗透性的特点，但对学生思想观念的形成和行为方式的养成具有显著的影响，对增强立德树人的实效性具有重要作用。实践育人是立德树人的基本途径，立德树人既要有严谨的课堂理论教育，又要有生动活泼的社会实践，社会实践承担重要的育人育德功能，不仅可以促进知识的学习和掌握，也有利于学生的全面发展。同时，立德树人需要相应的管理措施来配合和保障，学校管理的最终目的还是育人，构建各级各类教育一体化育人管理新格局，推动不同学段德育工作管理方式的协同，加强德育环境构建与管理，能为立德树人提供更多的支持和保障。此外，新时代以互联网络和移动智能终端为主体的虚拟空间已成为青少年生活学习的重要组成部分，因此建立健康的网络空间，培育安全健康有序的网络文化，构筑“网络育人长城”，是新时期立德树人工作的新要求。最后，立德树人工作的实效性需要学生变“要我立德成才”为“我要立德成才”，自我育人的发挥是立德树人工作成败的重要条件，充分调动和尊重学生自我教育的积极性，有助于学生成长成才。

时代发展要求立德树人工作必须适应新形势的要求。立德树人是一项系统工程，是学校、家庭、社会和个人共同承担的重大任务，需要凝聚各种教育力量形成强大的教育合力；建立德智体美劳全面培养的教育体系，把立德树人融入教育教学的全过程，促使课程、教材、教学、管理、文化等一切育人途径有机结合，全面营造立德树人新格局。立德树人的“三全”统筹模式中的各要素相互作用，形成多维立体的关系，相互影响、彼此贯通，构成立德树人工作推进的现实要求。

第二章

立德树人与高校思想政治教育

把“立德树人”作为高校人才培养的根本任务，“要全面贯彻党的教育方针，落实立德树人根本任务，发展素质教育”。高校思想政治教育的目标是培养德智体美劳全面发展的社会主义建设者和接班人，将立德树人理念融入高校思想政治教育全过程，对于全面提升高等学校的培养水平与质量，对于培养德才兼备的高素质人才，对于全面建成小康社会和实现中华民族伟大复兴的中国梦都具有十分重要的意义。

立德树人理念融入高校思想政治教育过程是一项系统性工程，需要集合多方的力量和智慧，整合各个层面的优势资源，凝聚高校教育合力，需要客观分析、科学引导当代大学生的思想观念、政治观点以及道德意识，构建“大思政”的教育格局。

“五育并举”“六个下功夫”，凡是不利于实现立德树人这个目标的做法都要坚决改过来。这指明高等教育的职责，从立德树人所处的薄弱环节入手，努力培养强国一代，有力地加强教育任务的落实和推进。站在新的发展阶段，全球范围内发生重大变革，新媒体技术突飞猛进，纷繁复杂的思想观念交织交融，给大学生成长发展所处的校园环境带来一定的挑战。新形势下高素质人才之间的较量，日益成为国与国之间激烈竞争的重要方式，成为综合国力竞争的关键性因素。这种环境下，作为实现复兴大任的青年主要力量，大学生的综合素质能力至关重要。把立德树人理念的强大精神动力逐渐地融入思想政治教育过程的各个环节，有利于实现教育教学模式的创新发展，促进高校思想政治教育在破解难题上达到因事而变，在时代发展中达到因时而进以及在把握形势上实现因势而新。通过培养青年一代自觉地树立社会主义道德、核心价值观念以及远大理想和共同理想之德，使其成为具有远大抱负和憧憬、具有创新精神和国际视野的高品行人才，人格健全、富有中国灵魂的合格建设者和接班人。

第一节　立德树人理念融入高校思想政治教育过程中存在的问题及成因

一、立德树人理念融入高校思想政治教育过程中存在的问题

高校立德树人理念为教育发展奠定了基础，在融入过程中，为高校思想政治教育指明方向，从而培养大学生全面发展的能力，为社会输出合格的人才。然而，高校在立德树人理念融入教育实践的过程中，在主体道德培养、实践互动环节、载体创新模式、环境优化发展等方面存在着许多不足，一定程度上偏离了立德树人理念的发展方向。

1.部分师生重学术研究轻道德培养

高校教育主体在立德树人融入的过程中发挥着主体性功能，当前，高校教育主体素质在立德树人理念融入的过程中一定程度上存在着问题，影响主体功能的发展。高校思想政治教育过程中双主体并存，立德树人理念融入的过程中主体素质层面的问题主要集中在对教育者和受教育者的考察上。一方面，从教育者的层面而言，教育者在一定程度上缺乏社会责任意识和道德服务观念，表现在以自我为重、一味地追求职称和荣誉称号，致使他们过分注重学术研究和科研成果，忽略德育培养，对德育的关注程度不高。在立德树人融入思想政治教育的实际过程中，由于道德教育的特殊性，侧重榜样示范性和产生情感共鸣，教师的思想道德水平对教育效果影响较大。部分教育者过分注重学术研究和科研成果，有时因繁重的工作压力而忽视道德情感层面的示范和引导，使大学生的主体性难以发挥，甚至毫不知情地被忽略、被冷漠、被孤立。久而久之，由于德育的缺失，大学生毫无选择地沉浸在教师所带领的科学研究中，完全听从老师的规划和安排，偏离了大学生的培养目标，用专业知识的厚度代替德育素养，一定程度上阻碍了大学生的全面发展。另一方面，从受教育者的层面而言，失衡的现象仍然存在，高校学风中重智育轻德育的趋势依旧蔓延。部分大学生过度关注自身的学术研究，把学习的一切重心放在自身科学文化课程和专业知识上，费尽周折、埋头苦干地提升自身的智育成绩，而把道德理论知识当作自身的道德素养，学生德育学习的自主性与自我教育观念匮乏，缺乏道德培养积极性，甚至影响正确价值观的形成。

2. 课堂教学重理论灌输轻实践互动

高校把立德树人理念融入教育中是一个合规律性的互动的过程，促进教育者与受教育者双方平等交流，实现双向互动，并非一方对另一方的改造活动，两者都是立德树人理念融入教育过程中的主体，共同推动思想政治教育的效果。互动体现为一种平等、交互的作用状态，体现出高校立德树人过程中教育者与受教育者之间平等交流、相互沟通的地位关系。这不仅表现在对教育者德育观念提出新的要求，而且表现在对受教育者主体性地位的尊重。然而，高校在思想政治教育的整个过程中，双方在互动层面存在的问题时有发生。

在高校专业课程的教育过程中，很少有教育者坚持立德树人理念，并将其融入教学中。大多数情况下，教师独自掌握课堂教育模式，仅仅以专业课程教育为主，忽略德育，认为德育与专业课知识毫不相干，缺乏联系性。这种情况不仅割裂了德育培养，而且拉大了学科间的距离，未能把立德树人任务贯穿于教育全过程中，缺乏互动性。同时，高校思想政治理论课程以大班授课为主，授课过程以教师讲述为主，学生以听为重点，理论灌输式教育缺乏彼此之间的互动与交流。有时，由于课程人数过多，实践环节难以奏效，这让很多高校的思想政治教育课堂流于形式，缺乏实践的效果。立德树人教育中缺乏根本性的互动内容以及实践互动的环节，如教育过程内容枯燥、专业课程自身的局限性以及“课程思政”意识的匮乏，都显示出理论性灌输过于强烈，缺乏与实际情况相联系，难以与大学生的日常学习内容、专业课程研究、职业发展方向相融合。在新的时代背景下，由于立德树人实践互动形式没有及时创新，不能理想地实现学生的身心全面发展，无法与社会发展要求相协调，单一、僵化的课堂氛围难以满足大学生的多样化需求。

3. 授课方法重传统模式轻载体创新

随着新时期新形势的发展，立德树人理念的内涵逐渐丰富起来，然而教育者在授课的过程中依旧停留在传统化模式中，主要通过传统课堂强调理论学习的重要性，忽视了教学载体的更新。高校在立德树人的教育过程中，需要把传统载体与新载体、课程载体与实践载体等结合起来，协同育人，实现载体创新发展。近年来，随着信息技术和互联网技术发展的蒸蒸日上，当代大学生需要接受多元化的教育方式，传统的模式已经不能满足他们自身的发展需求。但是，却有部分教师难以适应网络化带来的授课方法的更替，依然采用传统化的教育模式，缺乏载体创新意识。在立德树人理念融入教育的过程中，高校缺乏网络化创新载体，仅仅通过传统课堂讲述理论知识难以满足学生对道德情感的需求和真实体验，德育观念匮乏，仅仅拘泥于教材载体以及教师的宣讲传授，不能发挥新媒体优势。例如难以合理运用互联网新技术产生的网络在线学习课堂、线上电子载体等形式进行教学。高校在坚持立德树人理念的过程中，极其需要创新载体，在继承传统教育模式的基础上不断创新，超越一般的理论教育和专业教育，同时，需要更便捷、更高效、更及时地利用新技术、新模式以及新方法，从而不断地增强对大学生心理健康层面的关注和重视，积极引导道德情感教育。

4.德育工作重硬件设施轻人文环境

高校把立德树人理念融入思想政治教育过程中，其育人环境会不同程度地影响个体的性格特点和道德品质，营造积极的环境是高校落实立德树人的必然要求。我国大部分高校注重校园硬件设施的建设，在校园建筑、应用设备、教学用具等方面普遍获得了很大的改观，但很少注重与之相适应的校园人文环境。校园文化建设，尤其是德育氛围匮乏，教学理念以及管理手段滞后，难以支撑立德树人实践的开展。校园文化作为校园的软环境，是精神文明的象征，面对高校部分师生对校园精神文明建设的忽视，难以将其融入立德树人的过程中，从而产生良好效果。从整体而言，大学生在校园人文环境中的活动与课堂教育教学相比较，实践活动难度较大，具有艰巨和复杂的特点，对整个活动流程的控制、管理、服务以及反馈都需要多方主体的协调配合。就目前的形势和状况而言，部分高校忽略社会实践教育在立德树人融入过程中的重要性，难以形成系统的、完善的以及科学的管理体系。校园文化活动开展缺乏层次性和多样性，不仅活动次数匮乏，而且活动形式和质量偏低，甚至出现重形式以及走过场的情况，缺乏人文关怀，一定程度上阻碍了大学生的健康全面发展。

二、立德树人理念融入高校思想政治教育过程中存在问题的成因

面对新时期高校立德树人理念融入过程中出现的一系列问题，我们应该冷静地思考、深刻地反思，寻找这些问题出现的深层次原因，抓住关键，做到真正意义上把立德树人理念融入其中，对症下药解决实质性问题，从而促进高校思想政治教育事业的发展。

1.社会道德环境对校园的影响

当前，我国高校在坚持将立德树人理念融入教育的过程中，大力倡导全面素质教育，引导大学生努力成为德行兼备、有德有才之人。然而在实际的融入过程中，由于

市场经济的利益化，以及高校现有的考核机制，即一般考核教师的科研能力、学术成果、课程教学、职称达标等客观层面，忽略教师的道德水平考核以及教书育人的成效。主要原因体现在社会道德环境下出现价值取向功利化。高校部分教师注重个人利益以及个人荣誉的最大化，考虑的问题更加功利，忽视德育理念。在对学生的引导上，逐渐偏离正确的方向，忽略对学生价值观的引领，弱化德育培养的目标，产生立德与成才之间矛盾化的现象。

同时，校园环境复杂多样，面对激烈的市场化竞争以及其带来的负面性压力，一些高校注重人才资本的实力，主要集中在“一流学科”建设中，使之能够为学校创造源源不断的物质财富，对德育培养工作存在着不同程度的轻视。然而，知识水平的高度不能完全衡量一个民族的综合实力，也不能衡量一个人的综合能力，民族的兴旺、社会的繁荣需要一代代德才兼具的人为之奋斗。在物欲观的诱导下，部分高校教师更多地关注自身的专业技术职务水平，忽视了自身的职业道德素质，忽略了德育氛围的建设，致使科研任务和德育教学出现失衡现象，严重影响高校学风和校风的良好发展，导致越来越多的大学生重学术研究，轻道德培养，甚至追求自我发展。然而在这样的道德环境下，教师的教学和德育工作既缺乏自身的积极性，也难以调动学生的主动性，让他们始终以关注成绩和专业技能来完善自身和引领学生，没有坚持把“德”贯穿于大学生成长发展的过程中，不利于立德树人理念的融入和发展。

2. 多元多变价值观的冲击

高校在坚持把立德树人理念融入教育的过程中，由于复杂的国际国内双重环境的影响以及德育目标的滞后性，面对内外环境的夹击，各种思想观念、价值观点以及道德规范纵横交错、蜂拥而至，大学生的德育观念受到多元多变价值观的直接冲击。主要原因在于，一方面，随着全球思想文化的交流、交融、交锋，这个过程会产生多种不稳定的竞争性因素，一定程度上对马克思主义的主导地位提出挑战，同时，灌输式、模式化、一刀切的课堂理论教育方式无法通过互动环节调动学生的积极性而产生情感认同，导致高校大学生的思想价值观念选择困难。多元化的价值观引发意识形态领域的危机，高校大学生崇尚自由、个性独立、追求鲜活，但是他们的批判意识和辨识能力相对薄弱，自我教育与反思能力不强，面对现实环境以及良莠不齐的海量信息，避重就轻，缺乏明辨的自省思维，加剧了大学生的信仰危机。

另一方面，长期以来，在“灌输型”课堂教育背景下，大学生身处条条框框的束缚下，缺乏主动思考以及积极探索的能力，未能对理论知识产生感悟并内化于心。在这种多元化的环境中，大学生的主观能动性得到加强和释放，过分注重个性的张扬，甚至以自我为中心的倾向日益膨胀，享乐主义、个人主义以及利己主义观念严重化，污染校园风气，引发一系列的校园危机，也折射出深层次的道德问题。最后，多元化的价值观在一定程度上冲击了单向化灌输模式，也束缚着道德的建构。立德树人的内涵强调培养社会主义道德和共产主义理想，但是由于不良价值观的制约，影响了德育的发展，加剧了立德树人融入的困难。

3. 传播方式变革的挑战

立德树人在新时期有新的内涵和任务，很多教师对立德树人理念缺乏深层次的认知，随着互联网传播方式带来的变革，传播主体日渐呈现出多元化的特点，造就了信息的海量化、碎片化以及复杂化的传播模式。高校教师由于教学模式和教学过程中缺乏网络化创新思维，使课堂理论教育与创新实践活动互相脱节，难以摆脱传统课堂教育模式，这给校园生活带来很大的威胁和挑战。一方面，传统化模式下德育长期得不到重视，缺乏灵活多样、新颖独特的模式，线上线下实践活动不容乐观，难以受到学生的欢迎和追捧。同时，随着传播主体多样化，传统模式下教师占主导性的地位受到削弱，取而代之的是数字信息技术、移动互联网技术以及网络新媒体技术突飞猛进带来的传播新手段。高校在立德树人理念融入过程中难以产生思想上的引领、观念上的导向，造成主流价值观被削弱。另一方面，教育者面对多元化的传播内容，缺乏深入研究，仍然沿用传统化的管理方法与教育形式，难以对网络载体下的不良信息进行有效抵制。在这种模式下，大学生成为信息传播的独立个体，由于缺乏实践活动过程中对德的深刻感悟，无法产生情感共鸣，反而催生了信息的蔓延传播，网络载体下信息的复杂多样一定程度上削弱了高校坚持立德树人理念的影响力和引领力。

4. 工作机制不平衡的影响

高校立德树人教育是一个长期的过程，是需要各方教育主体共同发力，贯穿大学生教育培养的始终的育人体系。高校立德树人理念融入的过程中存在一些问题，其中一个不可忽视的原因就是保障立德树人实施的相关工作机制不平衡、不充分。具体包括以下几个层面的原因：首先，高校立德树人的领导管理机制匮乏。立德树人理念的融入仅仅依靠某部分教师的力量难以奏效，需要集中多方力量形成合力。但是，部分高校仍然把立德树人教育归为思政课教师、学工部门，甚至是辅导员班主任的工作职责，其他教师仅仅完成自身的分内工作，对其他职责不闻不问，使立德树人的实施缺乏核心化管理，难以形成凝聚力。其次，高校立德树人的保障机制不完善。立德树人教育的顺利实施，仍然依靠人、物、财等不同方面的力量支撑。但是，部分高校在实施过程中，资金投入力度不足、师资队伍质量偏低、德育配套设施数量匮乏，使立德树人在物质和人才两方面的保障不充分。最后，高校立德树人最终效果评价机制不达标。健全的立德树人评价机制能够综合衡量德育成效，展现优良的校风校纪，人文关怀浓厚。然而，高校立德树人评价机制存在缺失现象，不够公正合理，只注重最终效果，忽视对个体的主体性发展，尤其对师德师风的评价不够科学。这些在很大层面上影响了高校立德树人教育的整体成效。

第二节　立德树人理念融入高校思想政治教育过程的实践路径

高校立德树人理念的践行过程，通过理论层面转化为客观实践层面，推动思想政治教育的落实和发展。以立德树人理念为指引，从加强教师队伍建设、对大学生进行思想引领、营造高校立德树人的文化育人氛围、建立高校立德树人的协同育人体系等方面着手，找到立德树人理念融入思想政治教育过程中的践行路径。

一、以立德树人理念为指引，加强教师队伍建设

教师作为立德树人教育的实施主体，承担着教书育人，培养新时代独立思考、精神境界崇高的人才的职责。把立德树人理念作为融入教育过程中的价值追求，需要每一位教育工作者同向而行，积极承担使命，不断增强教师队伍建设，形成立德树人教育的合力，促进立德树人教育取得效益最大化。

1. 高校党委把握立德树人的方向

办好我国高等教育，必须坚持党的领导，牢牢把握党对高校工作的领导权，使高校成为坚持党的领导的坚强阵地。这突出高校党委在立德树人过程中肩负着总揽全局的使命，占据领导核心地位。高校党委牢牢把握立德树人的时代价值，把立德树人理念贯穿融入中国特色办学的不同领域和各个环节中，逐步构建形成一支党委统一领导、党政齐抓共管的系统化育人工程，着力解决当前最棘手、最紧迫的问题，形成“大思政”的格局，激发各工作主体的热情。一方面，高校党委要科学规划立德树人基本目

标，加强对高校工作的坚定领导，积极参与思想政治相关工作的决策，遵循党的教育目标和方向，制定详尽的计划方案，形成制度体系。高校党委围绕立德树人方向，稳步开展德育工作，始终坚持中国特色育人方向，逐步形成核心化管理模式。同时，实施“放管服”政策，将管理权和使用权下放，集中精力为院系提供良好的服务，围绕立德树人的总目标形成各具特色的育人模式。另一方面，在组织领导方面，党委领导主要体现在对马克思主义理论学科与思政课建设层面的政策指导以及当前“课程思政”层面的宏观引导，充分调动各个院系的积极性，持续发挥学校党委的组织领导和相关政策的因势利导，为坚持立德树人理念的融入提供组织保障力量。在落实立德树人根本任务的过程中，党委领导协调行政部门工作，主要集中在聚焦深化教育教学改革，培养高素质人才、彰显社会主义办学特色，形成各个部门之间的协同创新。党委领导下的各个职能部门立足岗位，把握部门主要职责，各司其职，同时监督配合相关部门要务，各尽其责，形成权力的监督与制衡机制。以构建立德树人理念为出发点，有效发挥党政干部、思政理论课和哲学社会科学课的教师、学工部门、辅导员、班主任以及心理咨询教师等主体力量，构成高校立德树人教育的核心部分；引导职能部门管理人员、专业课教师明晰工作目标，提高使命意识，培养责任感。以教师考核评价机制为标准，特别是“教师修满师德师风学分”为依据，加强各方主体在立德树人过程中落实的效果，不断提高立德树人的影响力。同时，高校坚持以生为本，体现人格育人。做好思想政治教育工作，尤其是把立德树人理念融入教育过程中，高校党委要带领全体师生明确德育目标，坚持育人为本，尊重学生的自由发展，维护学生的根本利益，以学生作为主体性导向，动员全校育人主体着重关注学生的思想状况和实际需求，在遵循教育规律的基础上，形成全员育人的格局。

2. 思政课教师肩负立德树人使命

思政课教师是德育建设中的传递者，是宣扬党的政治理论知识和相关政策要求的关键力量，也是引领立德树人教育的主力军。“办好思想政治理论课关键在教师，关键在发挥教师的积极性、主动性、创造性”。思政课教师要注重情感、态度以及价值观的思想导向，主动承担起“系扣人”与“筑梦人”的教育重任，打造一支素质高、业务精以及综合化的思政课教师队伍，凝聚铸魂育人的力量，培养新时代的合格建设者和接班人。

教育者首先要坚持明道信道，做到自身先接受教育，努力提高理论功底，认真研究创新性理论成果，特别是讲清楚新时代中国特色社会主义理论体系，用真理的力量在教学过程中鼓舞学生的志气，用透彻的知识说服学生的思想。同时，要关注自身的言谈举止，用真情讲好思政课程，赋予课程感染力，用高尚的人格魅力引导学生追求真善美。要用好课堂教学这个主渠道，思想政治理论课要坚持在改进中加强，提升思想政治教育的亲和力和针对性，满足学生成长发展的需求和期待。高校坚持把立德树人理念融入教育过程中，有效把握“主阵地”与“主渠道”的主导性功能。一方面，思政课教师要关注课程发展，积极推动课程创新，用全新化的教学模式利用好课堂主渠道，搞活思政课堂。在教学过程中充分考虑和尊重学生的特点，做到“情”“理”“规”三维联动，面对新形势下的教育改革新趋势，要把有深度的理论知识变得有温度，讲得有意义，要采用新语言和新故事强化思政课程的感染力和吸引力，把学生的思想引领到课程讲述中，赢得课堂主动权，培养大学生做新时代的“思政人”。

另一方面，思政课教师要加强实践育人主阵地建设，把课堂教学分成不同阶段，把课内实践和课外实践贯穿融合起来，组织学生感知鲜活生动的事物，尤其是发挥隐性教育的功能。同时，教师要通过线上线下相结合的方式因势利导，化解大学生的疑难杂惑，让学生在感知实践中达到思想境界的提升和精神层面的共识，主动地产生对思政课程的认可和对理论知识的憧憬，自觉地树立科学的价值观念，坚定对中国特色社会主义道路的认同感。通过有计划有目的地提升思政课程的亲和力，提高德育教学水平，提升思政课程的育人成效。思政课教师要站稳立场，修正人格，用广博的胸怀承担新时期思政教育的重任。

3. 专业课教师提高“课程思政”意识

“课程思政”实质上是一种课程观念，不是增开一门课程，也不是增设一项活动，而是将高校思想政治教育融入课程教学和改革的各环节、各方面，实现立德树人润物无声。新形势下，“课程思政”成为实现高校思想政治教育改革创新的重要载体，成为助推立德树人教育的重要举措，具有基础性功能，教师承担着引导“课程思政”的重要责任。然而，目前，高校教师“课程思政”意识匮乏，责任感淡薄，能力不足，面对新时期的教学改革任务，“课程思政”要逐渐发展、规范起来，应不断提升对大学生的德育引导，亟需提高教师的“课程思政”意识，不断提升其“课程思政”的能力。

高校教师要从加强“课程思政”、协同育人的层面出发，增强其在内容上的融合力。一方面，专业课教师需要明确“课程思政”理念，成为“课程思政”的发力者。这需要专业课教师提升对“课程思政”的认同感，意识到教育的根本任务和育人的最终价值目标方向一致。在专业课程的教育过程中，不断挖掘其与思想政治教育相关联的内容，作为切入点，使课程知识与思想动态有益结合，加深对课堂知识的理解和把握，同时，激励大学生形成良好的价值观念，摆脱高校大学生仅仅依靠思想政治教育理论课进行思想引领的单一渠道。

另一方面，专业课教师要完善“课程思政”育人体系，做到传道与授业相结合，持续提升育人能力。通过合理化研究、寻找各门专业课程中涉及的思想政治教育因素，将培养全面发展的社会主义合格人才作为“课程思政”的价值取向，使思政课程与其他学科课程之间同向同行。专业课教师要树立育人目标，从促进学生发展的角度出发，发挥言传与身教的作用，率先垂范，不断完善“课程思政”的教学方法和艺术，通过教师的德育素质和道德品质感染、同化学生，增强“课程思政”的育人效果，逐步实现从“思政课程”单一形式转化成“思政课程”与“课程思政”协同育人。

二、以立德树人理念对大学生进行思想引领

高校把立德树人理念作为思想政治教育的基本导向并融入其中，培养励志求真、力行笃实的合格建设者。高校要科学把握育人为本的教育理念，紧紧围绕大学生的时代角色、知识体系以及价值观选择等层面，对大学生加强理想信念教育，培养社会责任意识以及夯实综合素质教育。

1.加强大学生的理想信念教育

理想信念是一种勇往直前的奋斗姿态，是推动个体奋力拼搏、实现人生目标的精神支撑，个体政治信仰的坚定必须以正确的理想信念作为基础和依托。广大青年要“坚定理想信念，练就过硬本领，勇于创新创造，矢志艰苦奋斗，锤炼高尚品格”。理想信念作为高校培养立德树人理念的核心内容，着力把稳大学生的思想之舵，引导其做坚定的信仰者。

首先，理解马克思主义理论的内涵，明确理想信念教育目标。“理论上清醒，政治上才能坚定。坚定的理想信念，必须建立在对马克思主义的深刻理解之上，建立在对历史规律的深刻把握之上。”在高校教育过程中，当代大学生要学习一系列的政治理论课程，才能清晰、深刻、完整地接受和理解马克思主义理论。思政课肩负着讲述中国化的马克思主义理论看家本领的重任，其中“四个自信”的精神内涵有力地阐明了坚定理想信念的重要意义。理想信念关系党和民族的前途命运，关系青年一代的价

值取向，关系民族复兴大任的奋斗目标。因此，需要把理想信念教育贯穿立德树人教育过程，学深悟透经典著作和系列讲话精神，补足精神之“钙”，把紧“总开关”，加强理论认同，坚定思想定力，提高觉悟认知。通过广大青年的不懈追求，内化为坚如磐石的理想信念，外化为坚不可摧的行为方式。

其次，把握时代特征，丰富理想信念教育形式。在引领大学生进行理想信念的教育中不能仅仅局限于经典文化的解读上，避免出现教条主义倾向。高校积极把立德树人理念融入理想信念教育的过程中，围绕增强德育目标开展。首先，利用“两微一端”等大学生喜闻乐见的形式更好地传播思政理论知识，使知识体系通俗易懂，更好地激励大学生追求崇高的理想信念，树立个人与社会相统一的价值目标。其次，利用阅读、视频等立体化形式，学会把握理想信念的多样性，根据不同形式懂得深入思考甄别，促进大学生理论学习的丰富性，把科学理论付诸实践，指导实践应用，实现知行合一，从而改造自身的主观世界。最后，教育者依托媒体报道，联系当前实际情况，以讲述鲜活生动的故事情节为内容，用讲道理的方法吸引学生，并以此激励他们坚持导之以行，做到持之以恒。

最后，立足历史规律，拓宽理想信念教育内容。要教育引导学生正确认识世界和中国发展大势，从我们党探索中国特色社会主义发展的历史和伟大实践中，认识和把握人类社会发展的历史必然性。通过引导当代大学生学习思想政治教育相关理论，把握社会历史发展变化趋势，认识国情发展规律，用科学规范的价值观念，引领理想信念，将历史规律与当代实际相结合，用新时代的教育目标铸就大学生的成长成才之路。厘清历史发展脉络和方向，认识中国特色社会主义历史规律的独特价值和民族特色，在实践过程中发挥理论知识的先导作用，用理想信念的铜墙铁壁，铸造中国特色社会主义共同理想。

2. 培养大学生的社会责任意识

广大青年要在党的领导下勇做时代奋进者、开拓者、奉献者，同全国各族人民一起，共同担负起党和人民赋予的历史重任，努力在实现中华民族伟大复兴的历史舞台上书写华丽青春、创造辉煌人生。高校思想政治教育要落实当前教育任务，根据立德树人理念要求，遵循大学生健康发展的特点，尊重学生的主体意识，促进学生主体性的发挥，从而引导学生树立担当意识。

首先，引导大学生加强自我教育，成就非凡本领。希望广大青年珍惜大好学习时光，求真学问，练真本领，更好为国争光、为民造福。风华正茂的青年群体要在奋发学习中长才干、强本领，作为一种精神需求、一种奋斗姿态，尤其在立德树人融入过程中要加强自我教育。通过不断提升自我学习能力，增强自我管理水平，练就过硬的知识本领，实现自我监督与自我完善在大学生自身的统一与转化，达到自我教育的最佳状态，即“慎独”。在学习中强化自身的责任意识和使命担当，面对繁重的学习任务，能够不断地提高自我约束能力，学会迎难而上；能够不断地养成自我反思的习惯，做到学思结合；能够不断地锤炼自我完善的品格，学会创新创造，在自我的成长中，主动地承担起历史和人民赋予的时代重任。

其次，提升大学生志愿服务精神，树立社会公德意识。志愿服务是人类文明的重要标志。通过高校立德树人理念教育培养方式，坚持以学生全面健康发展为主体，激发大学生对志愿服务的热情，让志愿服务发展更具现实性并长效运行。高校可以加强社会服务精神宣讲，成立志愿服务宣讲团，分析当前社会形势，宣扬志愿服务精神的时代价值。一方面，拓展志愿服务平台，推动校园精神文明建设。在立德树人教育过程中，增强大学生的服务认知和公德意识，能够激励大学生的人格修养和责任担当，营造良好的社会公德氛围。利用校园平台开展志愿活动，普及志愿知识和志愿文化，让大学生在良好的校风教风环境中规范日常行为，培养责任意识。另一方面，讲好中国故事，大力弘扬志愿精神。深入挖掘贴近大学生生活实际、具有代表性的红色故事，并作为教学资源，让学生体会无数英雄人物的感人事迹，通过感化学习，激发大学生的责任意识，从而唤起他们的时代使命。

最后，培养大学生的爱国爱党情怀，主动地承担民族复兴大任。中国梦是国家的、民族的，也是每一个中国人的。国家好、民族好，大家才会好。只有每个人都为美好梦想而奋斗，才能汇聚起实现中国梦的磅礴力量。在新的历史方位下，中华民族正处于关键时期，为复兴大任奋力冲刺，这赋予青年一代新的、更高层次的时代使命，要求当代大学生提高本领意识，把个人的价值追求与祖国的命运发展相互交融。高校作为人才的聚集地，要培养素质高、胸怀广、视野宽、格局大的凝聚爱国之情和报国之志的人，增强对国家和民族的认同感、归属感，从而积极促进青年学生树立豁达开阔的发展格局，志存高远的精神境界，矢志不渝地为中华民族的发展复兴不懈奋斗。

3. 夯实大学生的综合素质教育

高校教师承载着培养大学生综合素质发展的职能，在教学中提高大学生的综合能力和创新创造思维。要始终把培养素质高尚的人作为教育使命，推动当代大学生人格养成、知识获取、能力培养等多方面健康发展，引导大学生勤学、修德、明辨、笃实，在实践中不断地磨炼自己的思想品格和综合素质能力。

首先，提升大学生的思想道德素质，培养新时代高素质优秀人才。当今社会在选人用人上重才更重德，尤其把思想道德素质摆在首位。一个人只有明大德、守公德、严私德，其才方能用得其所。教师在秉承立德树人理念中，激励大学生在加强品德修养层面下功夫。一方面，高校应注重高素质人才的培养，大力提供优良的学习条件，把德育发展贯穿教育始终，深入加强基础学科的教材体系，增强学生对思想政治理论特别是新时期党的相关政策思想的深刻解读，探索蕴含其中的思想内涵，了解当下教育发展的形势，树立宽广包容的胸怀。另一方面，优化提升教师道德素质水平，“坚持教育者先受教育，努力成为先进思想文化的传播者、党执政的坚定支持者，更好担起学生健康成长指导者和引路人的责任”。教师要提高认知能力，追随时代发展和社会变迁，汲取思想精髓，始终用严格的道德规范自我，端正品格，主动成为受人喜爱的教育者，成为为学为人的榜样，坚持对大学生的思想道德引领，从而逐步培养起立志走在时代前列的奋进者。

其次，提高大学生科学创新素质，培养走在时代前列的创新型人才。创新创造能力是大学生的综合素质的外在凸显，彰显时代新人崇尚个性的鲜明思想。中国要强盛、要复兴，就一定要大力发展科学技术，努力成为世界主要科学中心和创新高地。科技创新素质对大学生的未来发展弥足珍贵，在立德树人融入教育过程中，注重大学生的创新培养。一方面，高校要营造开放包容、与时俱进的人文环境，用宽广的胸怀接受外来思想的冲击，为创新提供源源不断的动力。为了顺应新的浪潮，学校要增设创新相关课程，定期举办创新大赛，邀请专业的人士给予创新指导，从而启发大学生的创新思维。另一方面，教师要紧跟创新发展潮流，抓住机遇开阔视野，勇于感知新鲜事物，提高创新化职业技能，为创新队伍提供理论指导和后备力量。为大学生更好地投入创新研究、激发创新热情提供良好的环境，从而培养独立思考和冒险精神，最终达到实现培养大学生创新精神和创造能力的理想目标。

最后，培养大学生良好的心理素质，塑造心理健康的发展型人才。心理素质是一个人综合素质能力的重要组成部分，运用科学合理的方式对大学生的心理素质进行疏导与调控具有重大作用。在把立德树人理念融入教育过程中，提升大学生的心理素质显得尤为关键。一方面，学校需要加大德育投资力度，增强校园文化创建，增设心理辅导系列课程，有意识地对大学生加强心理素质教育，传播心理健康相关理论知识，及时调节大学生的心理疾病。同时，成立校园心理咨询组织，通过定期宣讲活动，引导学生积极参加丰富多彩的心理素质教育活动，陶冶品行，提升大学生的身心素质，能够客观真实地评价自我。另一方面，教师要加强对心理知识方面的学习培训，以积极乐观的态度投入到教育教学的各个环节，不仅为学生树立良好的榜样，而且能够适度引导学生消化不良心理，优化心理素质调控系统，形成对问题意识的良好心态，增强自我的适应能力。

三、 健全高校立德树人的协同育人体系

高校立德树人教育是一个系统工程，它的实现需要调动多方力量，充分利用各方资源、载体和途径，从而推动构建高校立德树人的协同育人体系，进一步提升工作效能、丰富立德树人的效果。

1.完善服务育人的协同机制

所谓服务育人是指高校以学生为核心，围绕学生提供有意义的服务功能，以促进学生培养健康向上的价值观念和道德品质为目标，通过有目的、有计划的思想活动进行教育影响。构建良好协调的服务育人机制，需要协同各类服务岗位形成正效应，科学发挥不同部门如后勤服务、图书管理、医疗保障、安全防护等的育人功能，并将思想政治教育融入学生日常生活学习的各个角落。

一方面，优化工作制度，完善服务方式。高校图书馆人员围绕立德树人总目标，利用图书馆各项资源优势，完善书籍资料分配机制，努力营造积极健康的育人氛围，对高校思想政治教育相关工作辅以导之，促进大思政格局的构建。针对大学生个体主体性的特点，提供价值引领，形成独特的德育培养计划。意识形态决定文化前进的方向和发展的道路，合理利用当前文献信息资源优势，积极引导意识形态领域的主流价值观念，团结广大学生，陶冶大学生的思想境界，从而服务于高校意识形态工作。后勤部门要加强人员素质培训，提高后勤服务质量，积极承担育人职责，在食堂、寝室楼等地方提供后勤保障，为大学生提供轻松愉悦的学习环境。让他们在享受服务的过程中，在精神层面得到教化和熏陶，提高情感认同，从而逐步提升思想道德素质。同时，可以适量增设勤工助学岗位，让更多的大学生参与其中，了解并监督后勤工作，提高校园服务质量，有助于培养大学生形成强烈的社会责任意识。另一方面，服务育

人的过程要与思想政治教育相契合，形成多位一体、齐抓共管的育人体系。在校园点点滴滴、方方面面的服务中始终以学生为中心，坚持在关爱人、帮助人、服务人中教育人、启发人，引导大学生树立崇德向善的观念。学校以提高各部门之间的协同服务为根本，始终围绕学生、贴近学生、关心学生，利用思想政治教育的有利契机，分阶段地开展系统性、针对性的教育，根据大学生性格特点的差异性，采取循序渐进的方式尊重学生的个性发展，引导大学生具备优良的思想道德品质。

2. 打造实践育人的创新模式

实践作为认识发展的源泉力量，社会实践的“大熔炉”有利于当代大学生练就成长本领。高校的课程育人大体上是从讲述理论为出发点，随着立德树人理念的深入发展，实践育人在课程中的地位至关重要。通过实践活动，可以帮助大学生练就本领，磨炼意志，增强社会责任意识，实现实践育人在立德树人过程中的关键作用。

一方面，要建立高校长期稳定的实践育人基地。“要更加重视实践育人，加快构建‘实践育人共同体’，大力培育一批高校实践育人创新创业示范基地，广泛开展各类社会实践，为青年学生实现学以致用、用以促学、学用相长提供广阔的舞台。”建立高校实践活动基地，需要高校调动各方面的力量，寻找切合高校发展的优势资源。例如，红色遗址基地、爱国主义教育基地、基层单位服务机构等特色地方。从带动基层发展、激励大学生成长成才、宣传地方特色文化等方向出发，建立不同种类的高校实践基地，以供不同专业类型的学生选择，让大学生在亲身感知的实践过程中得到历练。同时，应积极鼓励大学生丰富人生经验，积累社会阅历，通过实践加强磨炼，不断增长自身适应社会的本领和才干。

另一方面，完善第二课堂建设，丰富社会实践活动形式。要重视和加强第二课堂建设，重视实践育人，坚持教育同生产劳动和社会实践相结合，广泛开展各类社会实践，让学生在亲身参与中认识国情、了解社会，受教育、长才干。高校要积极推动第二课堂建设，促进课程体系实践化，将实践育人按照合理的比例纳入课程管理中。按照课程规划制定相应的实践培养计划和方案，明确实践育人的方向目标、任务规划、最终成效等内容，设置相应的学时和学分，根据实践活动的最终结果计入课程总分和第二课堂档案中，作为大学生综合素质能力的考证。同时，要丰富社会实践的内容，根据时代特点推出特色化社会实践活动，例如高校大学生根据不同学科优势，以“三下乡”为主题开展不同特色的实践活动，把具有代表性和现实性的时代热点问题，在下乡实践中进行研究，能够在社会实践的过程中检验自身的理论储备，养成服务社会、勤俭节约的优良作风。

3. 丰富网络育人的技术手段

网络育人是在新的时代下高校育人体系的丰富和发展，运用网络信息传播途径的灵活性优势，丰富网络育人的技术手段，拓展立德树人的方法，不断给立德树人理念注入活力，从而逐步增强其教育的影响力、吸引力，实现思想政治教育的全过程育人。

一方面，利用网络育人平台，实现师生双向互动。网络化育人手段不受时间空间的约束和限制，信息传播及时迅速、渠道广泛，“要运用新媒体新技术使工作活起来，推动思想政治工作传统优势同信息技术高度融合，增强时代感和吸引力”。高校要合理利用网络育人手段，做到由被动转化为主动，由防御转换为防御与引导相结合，坚持主动性，掌握主导权。当前，一些教师忽视网络育人的功能，网络育人意识淡薄，只有当学生在网络上出现重大的错误舆论倾向和事故时，才会采取相关举措。网络信息传播方式丰富多样，学生可以不再拘泥于传统教育下多方主体协商共同的时间地点，教育内容与方式只能对固定的人数发挥影响，教育教学过程只产生一次作用等局限性。网络育人过程中，教育者与受教育者之间呈现出交往的平等化、互动化，激发网络育人中的内生动力。教育者要主动融入，做到因势利导，坚持以生为本，用发展的眼光与学生平等交流、保持互动，肯定学生的创新性想法、尊重学生的关键性意见，在交流中敞开心扉、增强彼此间信任。教师应及时把握思想政治教育过程中的有利时机，关注学生的思想动态，主动为学生化解学习生活中的疑难困惑，及时纠正错误言论，果断制止不良行为，引导学生形成理性的价值观念。

另一方面，完善校园特色网站建设，丰富网站思想政治教育内容。高校要重视网站建设，建立专门的思政网络平台，不同程度地满足大学生思想政治教育内容的线上学习，以价值观培育为主线，强化主流思想舆论，占领网络育人阵地，用正能量围绕大学生，促进大学生养成健康文明的用网习惯，实现网络育人优势。同时，注重更新思想政治教育网站的呈现形式，由于当前网站没有与时俱进，设置形式单调乏味，内容上缺乏引领性，致使大学生的学习兴致匮乏。因而，高校要关注学生的思维特点，设计符合大学生心理和行为的版块，充分发挥网络平台优势，将单一乏味的理论知识转化为大学生易于接受的立体化形式。整合网站资源，实现“互联网 + 教育”，主要体现在全国高校校园网站通过共享优质公共资源，实现联动，汇集优质的思想政治教育视频公开课，加强服务与交流，使大学生利用网络学习到更多完善自我的优势栏目。

同时，利用微信公众号平台，将思想政治教育的内容以生动鲜活的载体呈现出来，刺激大学生感官，进而传达价值观念，提高网络育人内容的吸引力。

第三章 立德树人与素质教育

在科技时代的催化下，个人技能的被重视度远超出人文价值的升华，自然科学与人文素养的矛盾培养方式造成许多难以预测的问题。鉴于此，国家寄希望于素质教育，呼吁高校凝聚焦点关注人文，造就能热爱民族、服务国家和奉献社会的“全人”。

1999年，教育界关注的焦点聚集到素质教育上，素质教育探索之路至今，在提升思想、完善课程、丰富实践等方面起了巨大的推动作用。然而在实践中不难发现，虽然素质教育工作在高校开展得风起云涌，但很多问题仍然不容小觑，如学生的爱国情感下降、社会责任感淡漠、文化认同感不足、价值观扭曲、道德认知混乱，等等。

“立德树人”的教育理念，凸显德育为首的精神要义，延伸素质教育的悠远深意。把立德树人作为教育的根本任务，旨在加强素质教育，促使大学生完善自我人格，提升道德修养，更好地培养学生为人、为学、为事。

第一节　立德树人与素质教育

一、素质教育的概念

为了抑制现代教育中存在的“应试教育”“专才教育”等不良倾向，素质教育应时而生。素质教育是把受教育者的发展需求及社会的长远进步作为落脚点，针对全体学生群体，以全面提高学生的基本素质以及民族整体素质为宗旨，重点加强受教育者的能力与态度的培养，以促进学生在德智体等方面综合发展为要义的教育。显而易见，素质教育是适应社会发展的实际需要而产生的，是一种集知识、能力、素质三者为一体的教育思想，代替一味强调为应试而学、为升学率而学的传统思想；它以全体学生为教育对象，在一定程度上缓解将目光只停留在尖子生身上的情况；它尊重学生的独特性，培养学生的自主性，调动教育者的能动性，全面地开发学生的智慧潜能，使学生在自主活动中自觉地将外部教育影响内化为稳定的品质素养，形成健全的人格。

二、立德树人与素质教育的关系

1.立德树人是发展素质教育的前提

立德树人的初衷就是要解决培养什么人，怎样培养人的重大问题，大学里获得的知识是未来融入社会、服务社会的工具，而学会如何做人才是立足于社会的根本。若要成人成才成大事，没有高尚的品德作依托，在成功的道路上只会充满艰难坎坷。“树人为本，立德为先”，高校要培养符合国家、社会发展要求的优质人才，首要前提就是立德。现在我们所进行的素质教育工作，是为全面提高育人水平、锻造社会可用之才而实施的。作为育人的重要教育途径，必须贯彻立德树人的教育理念。立德树人为新形势下高校育人工作指明了方向，为素质教育的实施提供理论依据，在大学生心灵深处构建强大的理想和道德支撑。

2.素质教育是落实立德树人的实践载体

素质教育强调立德为先、立学为基，高校开展素质教育就是将立德树人教育根本任务具体化、实际化、实效化。素质教育的开展无论是从教育教学理念、课堂教学内容、社会实践活动等方面都进行了长期不懈的努力和尝试。首先，从思想上让学生理解文理融合的互动理念，反思大学教育的本质，提升学生基于人类共同精神世界和文化追求而进行创新学习的能力；其次，课堂教学是传递正能量、宣传德育教育的有效途径，教师不能只局限于传授人文科学的理论知识，更应侧重于学生人格、品质、德行方面的提升；再次，从社会实践活动的角度出发，大学生参与丰富的校园文化活动，在日常实践中培养良好的道德行为习惯，真正做到理论与实践相结合，思想与行动相统一，达到知识融实践，实践显品德的效果。由此可见，开展素质教育，不仅是提高教学水平，塑造高素质人才的需要，更是让高等教育回归教育本质的时代呼唤，将立德树人的教育理念贯穿于素质教育工作的始终，在实践中凸显高尚品德的魅力。

第二节　立德树人视阈下青年大学生素质教育面临的问题及原因

一、立德树人视阈下青年大学生素质教育面临的问题

1. 社会责任心淡漠化

作为祖国未来的栋梁，拥有对国家和社会所应承担的责任感和使命感是人文精神最高境界的体现，能否以实际行动去报效祖国以及用高度的责任心去履行个人责任，不仅反映了当代大学生道德品质上的优劣，更关系着国家未来整体素质的提升。但在社会发展日益激烈的今天，许多大学生不同程度地出现民族自信心弱化、国家意识减退、社会责任感不强等问题。近几年，“碰瓷”现象层出不穷，大学生漠视摔倒老人现象也是屡见不鲜；许多大学生更是被贴上了“啃老族”“月光族”的专属标签；有些大学生崇洋媚外，对祖国妄自菲薄；还有一些大学生社会主义信念不坚定，在网络上肆意妄言；等等。这些现象深刻地反映出当代大学生对国家与社会的责任感日趋淡漠；情感爱国与行动爱国相背离；个人利益与国家利益难取舍；造成既期待人文精神的回归，压制社会不良风气，又遇事避而远之的矛盾心态。大部分学生认识到自身人文素养的缺失，还有一部分学生意识到自身整体的文化素质还有待提高，这与当代大学生爱国主义意识淡薄、社会责任感淡漠有着密不可分的关系，开展文化素质教育不能只停留在口号上，更要有针对性地落实到实践上。

2. 文化认同感不足

文化认同是每个公民对民族的基本价值与主流意识形态的认同，民族凝聚力是人和，其核心是对民族文化的认同，一个丢失了自己文化的民族，就是一个丧失了灵魂的民族。现代大学作为汇集民族优秀文化传统与先进时代精神的摇篮，承担着培养学生传承和创新传统文化的使命感和责任感的职责。而作为一个大学生，继承、发展和传播国家民族文化也是我们义不容辞的责任。

当代大学生对传统文化知识了解匮乏。很多学生出现对古典文化作品淡漠，对高雅艺术形式冷落，对主流价值观认同弱化等现象，这些现象都表明大学生忽视人文精神的提升，没有形成完善的人文知识体系，对民族文化的认可度不高。此外，部分大

学生盲目推崇西方文化，对西方的节日、饮食、电影等更是情有独钟。越来越多的学生痴迷过圣诞节、情人节等节日，对传统的元宵节、中秋节等却没有兴趣；大部分学生愿意吃西方的快餐，却对粽子、月饼毫无兴趣；还有的学生宁愿选择看好莱坞大片，也不愿意花时间去欣赏传统戏剧，等等。很多大学生崇洋媚外，传统文化的传承与发展面临危机。

3. 公共道德感下降

道德感是用一定的道德准则评价自己或他人的思想和言行时产生的情感体验，同时也是人们将内化于心的道德认知外化于行的催化剂。著名教育家苏霍姆林斯基曾说："在我们所教育的人身上，高尚的道德品质、丰富的精神世界和体质的健全发展应当合而为一。"因此，树立正确的价值观，培养崇高的道德品质，不仅是高校对于培养高素质人才的教育目标，更是学生理性应对复杂环境、明辨真假善恶、崇德向善的内在要求。

二、立德树人视阈下素质教育问题存在的原因

1. 社会发展需求使文化素质教育边缘化

第一，市场经济带来的负面影响。首先，过于开放的市场经济在刺激国家经济发展的同时造成功利主义和实用主义风气的形成，人们受市场经济发展的强烈冲击，着重追求物质利益而忽视精神价值。为了适应社会发展需要，大学生更加注重应用性和实用性较强的学科，对人文学科的学习则是弃之任之，务实氛围浓重，人文气息较弱，大学生对于"两课"的学习是能逃则逃或者在课上做着与其无关的事。其次，物质文明的传播使大学生的思想观念产生错误偏向。个人主义、拜金主义、享乐主义使学生的价值观发生扭曲，造成重个人利益轻集体利益，重索取轻奉献，重物质轻道德等消极思想，严重影响学生的全面发展。最后，社会经济的发展造成公司用人标准发生变化。企业为实现利益最大化，倾向学历高、技能好、能力强的人才，直接造成学生重视专业技能的学习，扼杀了学习人文课程的积极性，从而使文化素质教育边缘化。

第二，多元文化造成的碰撞冲击。随着全球化不断深入，多元文化碰撞交融，我国民族文化面临着同质化的危机，消解着大学生的民族文化意识。一方面，西方文化的传入造成了大学生社会意识形态认知的混乱。西方势力对社会主义的敌视心态和颠覆意图使其利用文化霸权主义冲击着中国民族文化的传承与发展。西方强势文化侵入

校园，侵蚀着学生的爱国主义、共产主义信念，大学生难以对民族文化产生共鸣和自豪感，甚至对社会主义核心价值的信心也发生动摇。此外，西方文化逐渐影响着大学生已有的文化价值观。西方文化资本大举进入中国市场，无论是影视、饮食、书籍、服饰等都潜移默化地改变着大学生的价值观念，使大学生的行为方式与生活方式都逐渐西化。如果大学生不顾我国的民族传统与民族特点，不能理性地对西方文化去芜存菁，那么对于情感心智尚在发展期的大学生来说就会很容易受其辐射同化，弱化传统文化在心中的地位，西方文化价值观也就真正地在大学生心中生根发芽了。

第三，网络传播导向的偏差。网络作为新型媒介成为大学生生活和学习的重要工具，一方面它传播文化精神，净化社会道德，给大学生生活、学习、工作带去便利，另一方面舆论媒介的渲染和网络传播导向的某些偏差，影响着大学生的言谈举止、文化素养及是非观等。越来越多的大学生加入“低头族”的行列，手机不离手，吃饭不抬头的现象司空见惯，网络内容良莠不齐，低俗、恶搞、无营养的报道、评论、节目、影视冲击着大学生的眼球，造成不正确的人文精神导向。网络媒体的商业气息越重，就越会淡忘其引导社会舆论、维护良好网络氛围的责任，使拜金主义、享乐主义、实用主义的价值观不胫而走，导致一些大学生的精神文化追求发生偏离。此外，低品位、庸俗化的网络文化降低了大学生的文化审美和文化品位，大学生花大量的时间阅读趣味性较低的小说，远离经典名著，热捧美剧、韩剧、日剧，对传统文化却不屑一顾，这不仅阻碍了大学生的文化视野，也造成大学生心态的躁动和失衡。

2. 传统教育弊端的影响

第一，传统教育理念的惯性作用。我国教育长期以来呈现出重科学技术轻人文学科的倾向，直接表现于高等教育中，“学好数理化，走遍天下都不怕”的传统理念在人们心中根深蒂固。传统的应试教育使大学生陷于茫茫题海中，人文方面的发展在教学制度的切割下变得萎缩。这种思维方式一直延续到大学校园，即使在自由时间较为充足的大学，学生可以通过各种渠道了解人文知识，提升文化素养，但是长期根植于心的漠视人文学科的观念造成多数学生没有利用课余时间自主进行人文知识学习的窘境。加之就业形势的压力，学生更偏向专业课程的学习，这种纯粹的功利实用性思维也造成素质教育工作的困境。

第二，教育内容与方式的狭隘。文化素质教育旨在提高学生进行价值判断与价值选择的能力，培养他们的社会责任感、文化品位、道德情操等素质，使学生的内心深处与之产生共鸣。但是，当代高校课程设置专业口径窄且缺乏弹性，造成科学教育和人文教育综合性的损毁。在内容上，文化素质教育课程随意性较大，有些课程内容理论性较强，教育内容狭窄，缺乏实践经验的补充；还有一些课程内容前瞻性不够，不能反映现代科技文化发展的最新理论研究成果；在民族文化与德行教育方面不够深入。在形式上，目前高校仍是以老师讲、学生听的满堂灌的教育方式为主，教育方式单一僵化，很大程度上限制学生主动思考、学习创新、质疑追问的习惯，无法达到深化教学、全面互动的教学境界。

第三，教育者人文素养的缺失。教师是立教之本，人文精神的传承依赖于教育者的言传身教，教师的知识涵养、教学态度、思维方式、处事风格、价值选择都影响着每一个受教育者。虽然当前高校教育者的人文素养整体提升，但是不可否认，人文知识仍然是教师最易忽视的部分，进而造成部分高校教师存在人文精神失落和师德缺失的现象。一方面，多数教师也是在应试教育体制和专才培养模式下培养出来的，他们的专业素养无可挑剔，但是人文知识的汲取却大打折扣，甚至有些理工科教师潜意识对人文学科就是歧视的态度，这势必影响到教学质量和学生精神的引领。另一方面，部分教师功利思想严重，责任意识缺乏，只顾自己评职称和赚外快，除完成必要的教学任务，根本无暇顾及学生的人文关怀及综合素质的培养。此外还伴随着学术作假、请客送礼、学高身歪等不良现象的发生，这不仅无法给学生在德行上树立榜样，更是会阻碍文化素质教育在高校的推行。

3. 家庭教育的忽视

第一，家长功利心态的驱使。孩子是家长的希望与寄托，望子成龙、望女成凤是家长的内心夙愿。对家长而言，分数的高低不仅反映孩子实力的强弱，更成为父母间对比与炫耀的谈资。大部分家长仍然受到传统教育思想的束缚，把成绩看成学生的命根，成绩的好坏永远是家长最关注的大事。家长这种功利心态使孩子处于泰山压顶之下，导致孩子只重视学习理论知识，无暇顾及自身文化素养、艺术情感的提升，成为只会应试的高分“书呆子”，抑制孩子健全品格的塑造。

第二，家长自身文化素养的局限。对于受过高等教育的家长来说，他们更重视孩子眼界的开拓、知识的延伸、素质的提升，但是，有一部分家长自身文化素养较低，没有意识到人文素养与道德认知的培育对孩子成长发展的重要影响。此外，还有一些家长只顾忙于奔波挣钱，忽略了孩子成长的点滴，更不用说日常对孩子责任意识的培养、人文知识的灌输与道德榜样的树立。家长作为孩子的启蒙老师，其思维意识的引导与实际行动的感染将直接作用于孩子，并对孩子未来的发展产生关键影响。

第三节 立德树人视阈下完善青年大学生素质教育的对策

一、牢固立德树人理念，以社会主义核心价值观引领素质教育

1.坚持“以德为先”的教育理念

大学是大学生素质养成的重要时期。“立德”回答了高等教育“用什么培养人”的问题，“树人”则回答了高等教育“培养什么人”的问题，“君子务本，本立而道生”，德是成才之基础，做人之根本，教育以育人为本，育人以德育为先。素质教育首要解决的问题之一就是学生如何“为人”，杨叔子院士曾说：“文化素质教育致力于解决好做人问题，即如何做人，如何做中国人，如何做现代中国人。”社会主义现代化事业需要的不是只会考试、疲于分数的应试机器，而是有着崇高的道德境界、高雅的文化品位、深厚的文化底蕴、健全的人格品质的全面发展的人才。

高校是传播先进理念和弘扬社会主义精神文明的主阵地。“国无德不兴，人无德不立”，大学教育应树立“以德为先”的教育理念，并将其贯穿到人才培养模式的改革中。同时，教育引导大学生坚持为人与为学的统一，实现理性与情感、智商与情商、知识与修养的均衡发展。

高等院校在推动文化发展、加强思想道德建设中具有责无旁贷的使命。《大学》中写到“大学之道，在明明德，在亲民，在止于至善”，立德树人的理念要深入到素质教育的实践中，在教育观念和认识上加强德育在大学教育中的地位，使学生通过自身的体验与领悟，逐步内化道德品质。欲流之远，必浚其源；欲木之长，必固其本。在深化素质教育时牢固立德树人理念，积极探索高校立德树人的悠悠之路。

学校应加强价值观的宣传与引导，完善用人机制，更新传统的人才理念；家长要不断提升自我修养，注重孩子德行的培育，关注孩子的全面发展；学生要加强认知，强化自律，丰富实践，增强价值观自信。

教育是培养人的社会实践活动，社会主义核心价值观教育是培育人的灵魂的教育，它将国家层面的价值目标、社会层面的价值取向和个人层面的价值准则融为一体，确立了立德树人的价值根据。“核心价值观，承载着一个民族、一个国家的精神追求，

体现着一个社会评判是非曲直的价值标准。”要引导大学生扣好价值观链条的“第一粒扣子”，理解社会主义核心价值观对于国家、社会以及个人发展的长远意义，在思想上认同核心价值观的深刻内涵，在行为上践行核心价值观的内在要求。

发挥社会主义核心价值观的引领作用，须以责任担当引导自己的价值选择。社会主义核心价值观是当代大学生投身民族复兴伟大事业的价值诉求，大学生要立足和把握时代问题，勇于承担时代责任，明确价值选择，增强社会责任感，用爱国主义、集体主义、共产主义信念武装自己的头脑，用社会主义国家的价值目标及价值取向凝聚社会共识，自觉传承中国精神，抵制社会不良风气的影响。

发挥社会主义核心价值观的引领作用，须立足于优秀传统文化。当代中国处于快速发展与变革时期，各种社会思潮激荡交融，鱼龙混杂的不良信息正考验着大学生内心的价值标准和文化选择。在外来文化的强力侵蚀下，我们应当倡导文化自信，特别是对社会主义核心价值观的自信。中华优秀传统文化是中华民族的精神命脉，是涵养社会主义核心价值观的重要源泉，也是我们在世界文化激荡中站稳脚跟的坚实根基。大学生更应多研读文化经典，吸纳传统文化的精华，汲取核心价值观的文化养分，做好理性的文化选择。文化素质教育一直被赋予传承中华优秀文化、构建共同价值体系、提高文化自觉自尊自信的使命。根植传统文化，提高文化自觉自信，构建“书香校园”，同样是素质教育一个不容忽视的宗旨。发挥社会主义核心价值观的引领作用，须提升自身的道德价值观念。“核心价值观，其实就是一种德，既是个人的德，也是一种大德，就是国家的德、社会的德。高校用以立德树人的‘德’，必须充分彰显社会主义制度的‘德性’。”作为一名大学生，面对社会道德失范现象，面对社会不正之风，我们仍要保持清醒头脑，讲德、尊德、守德，保持高尚的道德价值观。除此之外，我们不能“光说不练”，“道不可坐论，德不能空谈。于实处用力，从知行合一上下功夫，核心价值观才能内化为人们的精神追求，外化为人们的自觉行动。”我们要将道德认知与社会实践相结合，善于明辨真假是非，做自觉践行社会主义核心价值观的“四有”新人。

二、发挥“三个课堂”育人功能，培养学生“为人”“为学”“为事”

第一课堂的知识传授、第二课堂的校园文化活动、第三课堂的校外实践活动构成了高校的育人系统，“三个课堂”彼此互补、相辅相成，只有将其整体优化、渗透融合、协同发展，才能最大限度发挥高校的文化育人功能、实践育人功能以及服务育人功能，提高教育质量，培养学生“为人”“为学”“为事”。

1. 发挥第一课堂主渠道作用，增强文化育人功能

课堂是教育的核心基础，是教学的基本依托。课程设置是否合理与科学，将直接关系到学生综合素质的高低，课程建设不仅要立足中华文化本性的灵魂和“纲”，讲究少而精，避免多而滥，还要防止肤浅课程聚集形成“大杂烩”。因此，要结合大学的特点以及学生的实际情况，有针对性地将人文知识融入专业知识中，充分发挥第一课堂的主渠道作用。

在课程目标上追求文理相融。科学教育与人文教育互为补充，自然科学内在机制和规律同人文精神相通，人文科学为自然科学的发展提供内在动力。素质教育必须推进人文与专业的互动与融合，将人文素质教育贯穿于专业教学中。文化素质教育建构起科学与人文间的桥梁，通过课程体系建设实现文理的融合。任何教师都应竭力营造和谐平等的教学氛围，充分挖掘教学内容中的科学理性与人文内涵，引导学生在专业课中发现与欣赏人文之美，使专业学习与人文培养相得益彰。

在课程内容上追求古今贯通。文化是连接古人智慧与现代科技的桥梁，是现代文明发展的不竭源泉。开展文化素质教育的重点在于传统民族文化教育，大学应坚持以文育人，鼓励学生参与有关历史文化的课程，明确文化追求、清晰文化选择、传承文化精髓。此外，文化素质教育课程要减少综述性、概论性、休闲性的课程，增加有深度和广度的经典课程，并且能将过去与现在兼容并蓄，把握时代节奏，紧贴文化脉搏，不断满足国家和大学生的发展需要。

在课程数量上追求简而精。素质教育课程设置不是越多越好，更不是设置的学分越高越好，课程要根据年级、专业、学生兴趣等因素进行合理设置。课程设置要考虑时间分配，马拉松式的课程安排会消磨学生学习的兴趣，可以将课程集中在低年级进行学习，使专业课和人文课交相呼应。课程设置数量不宜过多，一方面不过多占用学生的学习时间，另一方面避免大学生在提升文化素养的同时产生厌烦抵触的情绪，造成文化素质教育课程流于形式的危险。大学要选择基础性且具有前沿性的课程，为学生深入学习人文知识打基础，另一方面要根据学生个性化需求打造精品课程，使学生感受人文知识的价值，体会不一样的文化魅力。

在课程形式上追求多样化，注重学生的能动性。课程本身就不是一个静态的过程，要使课程保持强大的生命力，“一言堂”、填鸭式的灌输方式早已不能满足学生全面发展的需求，课堂教学不能只停留在过去的“你说我听”模式，要让课堂活起来，注重学生的课堂体验，充分发挥学生的能动性。如在课堂进行人文经典诵读，熏陶人文情怀；在课堂进行互动讨论、情景模拟、案例探讨等活动，激发大学生的批判性思维和自主学习意识，由静态的单向教学转变成动态的师生互动；还可以进行角色互换、课堂表演以及简易的体验项目，增强课堂的趣味性与生动性，同时也增强学生的直观感受，唤起学生对于人文知识学习的激情。

2. 发挥第二课堂能力拓展作用，增强实践育人功能

第二课堂是第一课堂的拓展和延伸，如果第一课堂是学生对于人文知识的理论学习，那么第二课堂就是将知识融于校园文化活动，让学生在活动中体验人文精神的魅力和道德的力量。

开展独具特色的社团活动。高校学生社团是大学生以共同的生活情趣、共同的兴趣爱好、共同的人生理想为动机而自由结合的团体，它突破了课堂教学的限制，并且汇集了许多无形的文化资源，使大学生在课堂外培养自身特长，提高创新能力，拓展学生的成长空间，增强团队协作意识，引导学生适应社会，逐渐向社会人转变。一方面，学校可以鼓励支持大学生根据自己专业的特点形成独具特色的个性社团，集聚心理相融、志趣相投的同学开展社团活动，丰富课余生活，培养人文情怀；另一方面，社团活动要坚持人与社团共赢发展的理念，对于富有人文素质教育影响力的社团，学校要大力支持与宣传，并努力打造精品社团，创造精品活动，增加社团间的互动与沟通，使人文气息包围着每一个大学生，发挥文化素质教育的凝聚力与感召力；此外，要努力提升社团的品位与层次，支持创建公益型社团、文化科技型社团，不仅帮助学生拓宽知识领域，也培养学生的服务意识与奉献精神。

开展丰富多彩的体艺活动。体育文艺活动对于大学生增强身心素质，增强艺术修养有着积极的意义。一方面学校应鼓励学生积极参与运动会、篮球赛、乒乓球赛等体育项目，促进身心健康，激发集体荣誉感；另一方面，学校应结合校庆、国庆等重大节日，开展文化月，举办文艺演出、才艺比赛、文化沙龙、话剧表演、诗会等文学艺术活动，鼓励学生以主人翁的姿态积极融入其中，在情感愉悦中不断提升发现美、感受美、欣赏美、鉴赏美的能力，在人文教育中突出艺术教育的重要地位，拓展艺术教育平台，探索艺术教育的新内容新方法是促进科学教育与人文教育融合的现实路径。

通过丰富多彩的体艺活动，以美感人、以文化人、以情动人，引导学生深入了解优秀的民族文化成果，感悟道德情感与价值观念，努力培养具备强健体格、高雅情操、优良人文思想的优秀人才。

开展严谨务实的学术活动。学术是社会文明进步的标志，学术文化是高校师生探求真理、追求科学的过程中形成的文化氛围。一方面，大学应多开展“科学 + 人文”的学术讲座，聘请资深的专家学者举办讲座，如专业性讲座、科学性讲座、人文性讲座、艺术性讲座、社会热点讲座、就业性讲座等，帮助和引导学生把握专业前沿问题，开拓学术视野，培养科技思维，提升思想境界与人文修养，发挥人文素质教育的作用。另一方面，可以定期举办学术交流会、学术文化节、学术成果展等，让不同的理论观点在交流中产生思想碰撞，加强学术对话，使单调的学术研究充满人文关怀，使师生在切磋中启迪心智，在浓厚的学术文化中受到教益。

3. 发挥第三课堂社会实践作用，增强服务育人功能

文化知识要升华为文化素养，实践是根本途径，社会实践活动就是让象牙塔里的学生走进社会、了解社会、适应社会、奉献社会，在实践中激发学生的感悟，从而引发大学生的深层认同与情感共鸣，进而产生相应的爱国行为与道德行为。第三课堂就是将文化素质教育回归社会生活，外化于校外实践，与社会其他系统相互渗透、相互促进，找回其失落的意义与价值。社会实践活动的形式主要分为以下三类：

一是公益性社会实践，组织大学生利用自己的课余时间参与社区服务、帮扶活动、植树绿化活动、“一助一”结对服务、大型赛会志愿者等，通过无偿的劳动磨炼大学生的意志，培养社会责任意识，理解奉献精神与服务群众的本质内涵。

二是调查性社会实践，学校组织大学生进行“三下乡”活动、广泛开展教育帮扶、文化宣传、科技支农等实践服务活动，并进行相关的社会调查，使学生走进基层，深入群众，了解社会现状，走出狭隘自我，坚定回馈社会的素质教育理念，自觉承担相应的社会责任。

三是学习性社会实践，一方面，高校会组织学生在教师的指导下根据各自的专业进行相关的实习活动，如企业参观、工厂实习、工地测量、乡村调研等，坚持学以致用、知行合一；另一方面，学校会组织学生走进充满民族文化意蕴的胜地，了解当地文化，欣赏文化景观，领悟文化韵味。

三、建立切实可行的长效机制

高校开展文化素质教育工作不仅要深入践行，更要注重工作落实的实效性，但是素质教育工作的成效不会立竿见影，而是需要时间的考验与证明。这就要求高校应积极构建切实可行的长效机制，为文化素质教育工作的有效开展奠定坚实的基础。

1.建立健全的保障制度

首先，健全领导管理保障体制。文化素质教育工作是一项复杂烦琐的工程，需要诸多部门加以规范和落实，为使工作的开展更规范化、有序化、制度化，首要任务就是健全自上而下的领导管理保障体制，进而加强各部门的分工合作。学校领导要加强对大学生素质水平的关注和领导力，可以成立相关领导小组，有关部门明确分工，各司其职，如教务处负责人文课程设置、宣传部负责国家政策的学习与教育、思政部负责政治理论的教育、学工部负责学生日常工作，关注学生思想动态。各部门统筹协调，全面规划落实文化素质教育相关工作，使其贯穿于学校工作的各个环节。

其次，加强经费与场地保障。学校应加大对大学生素质教育的投资力度，如人文课程建设专项经费、课程教学资源建设、教材建设、教师参与研讨与学习培训活动、艺术活动的开展、学生社会实践活动、学生校外实践学习等；此外，高校应根据不同校区、不同院系安排舒适宽敞的活动场地，保障每位师生能接受艺术的熏陶、人文的洗礼，避免因场地紧缺造成活动缩减、人员拥堵等现象。只有落实经费投入、场地建设，才能有效实施文化素质教育的各项任务，避免文化素质教育走形式，出现“雷声大，雨点小”的现象。

2.搭建师德建设平台

俗话说：“育人者必先树己。”师德师风是整个高校的精神面貌和灵魂，加强和改进师德建设，强化教师对于文化素质教育重要性的认识，是大学加强文化素质教育的一个重要前提。

首先，强化师德教育，培养教师崇高的道德情操。定期开展师德教育专题活动，重点强调核心价值观教育，宣传优秀教师的典型事例，弘扬“学高为师，德高为范”的师德内涵。在思想意识上引领教师强化自我师德修养和自主发展意识，不断领悟师德真谛，彰显师德风尚。

其次，健全师德考核，促进教师提高文化素养。为提高教师对人文知识的重视，加强教师文化育人的责任感，完善人文学科教师队伍的结构，大学可采取学生评教、同事测评、个人自评等多种形式的考核方式，对受到学生好评，教学效果显著的优秀人文教师给予奖励，同时也筛选出教学态度不认真、应付教学任务的部分教师给予一定的惩处。这样可以促进教师完善自身的人文知识结构，培养教书育人的责任心和职业道德感，以便更好地适应文化素质教育的需要。

最后，加强师德监督，端正教师的行为规范。教师作为太阳底下最光辉的职业，其人格与品行直接影响学生精神世界的塑造。高校应设立举报平台，构建学校、教师、学生三位一体的监督体系，努力营造良好的校园风气，打造一批素质高、品德好、行为端的教师队伍。

3. 制定完善的文化素质教育评估体系

建立科学、合理、完善的评估体系是检验文化素质教育成效的关键环节，完善的评估体系可以对文化素质教育工作、成果以及过程中存在的问题进行客观真实的评判，这样有利于学校根据评估反馈信息找出问题症结，然后对症下药，从而提升大学文化素质教育工作的实践质量。大学应根据各自办学优势与具体校情，探索适合自身的文化素质教育评估体系。

在评估主体方面，传统的评估是以大学生为主体，评估主体单一化，与文化素质教育多元性、开放性的特征相背离。评估主体需从单一的学生群体扩展到部门领导、教师、导师、辅导员等教育者，不仅可以间接地提升大学生参与测评的积极性与主动性，改善被评价的抵触心理，而且可以全面地考量教育者整体人文素质状况。大学的人文气息的升华需要全体师生的共同努力，只有把握每一个校园主体的具体问题，进行具体分析，才能营造和谐的文化氛围。在评估内容方面，一方面，就评估大学生主体而言，不能仅将评估内容限定在专业课或者文化素质教育课程的具体分数上，而应具体结合学生在校表现出的思想道德、能力水平、文化素养、爱国情操、责任意识等方面进行综合评价，及时获取学生在汲取人文知识后对人文精神的感悟与内化情况，适当缩减卷面成绩的比重，增加综合素质评估的权重，综合把握学生的"硬件"能力和"软件"素质，并针对学生在接受文化素质教育过程中出现的问题进行有效指导；另一方面，就评估教育者主体而言，不能把考核标准仅聚焦在学生成绩上，而忽视教师的教学内容、专业素养、人文素养、人格魅力等方面的评估，学校应结合学生综合素质的提升与教师工作素质的体现作为教师工作业绩的评估指标，使教师在积极提升个人综合素质的基础上实现教育的最佳效果。

在评估方法方面，大学要改变传统的教师与学生互评的单一模式，要在传统的基础上进行延伸。努力做到自评与互评相结合，如学校自评、部门领导自评、教师自评、学生自评、师生互评、教师互评、同学互评等；定性与定量分析相结合，如召开座谈会、学生社会调查、学生实地调研等；学校评估与社会评估相结合的评价方式，如实习单位评价、家长评价等。通过多种形式的评估可以帮助大学生对自身的文化素质水平有个全面的认知，也有利于学校针对具体情况有的放矢地开展文化素质教育工作。

第四章

立德树人与心理健康教育

立德树人理念的提出给中国的人才培养提出了新的课题，也是对高校思想政治教育提出的新要求，更是对大学生心理健康教育如何在此理念下更新和拓展其功能的深度追问。高校大学生是社会上最活跃、最敏感的知识群体。他们正处于思想的成熟期，由于社会阅历的局限，极容易受到多元社会思潮的影响，进而产生各种各样的心理冲突和思想问题。健康的心理是大学生接受德育以及科学文化知识的重要前提，是健康发展的重要保证。

第一节　立德树人赋予大学生心理健康教育新功能

当前大学生心理健康教育整体向好，但不断发展的时代背景赋予大学生心理教育更多新的使命与功能。“立德树人”对大学生心理健康教育在道德观念、人格体系和社会主义核心价值理念的培养上出现新的功能需求。

一、树立正确道德观的功能需求

立德树人理念对大学生思想政治教育的要求是以“立德”为前提，将德育作为大学生人才培养的首要问题来处理。“树人”是一个教化的过程，要内在因素与外在因素共同作用才能取得效果，此过程是以大学生群体内在道德观的养成为主的。健康稳定的心理状态是形成良好政治、道德品质的基础。因此，大学生心理健康教育首要的就是从应用心理学角度完成对大学生正确道德观的树立。

1.培养大学生的道德认知

认知心理学表明，外部情境与行为人已有知识相结合才能激发道德认知的实现。因此，大学生心理健康教育就是对大学生做德性知识的教育，通过心理学的方法和手段使大学生在社会交往过程中以德性的自我控制发生“情境性道德认知”，以完成对自身行为的养成和控制。

认识指通过心理活动（如形成概念、知觉、判断或想象）获取知识。习惯上将认知与情感、意志相对应。认知现象既是复杂的心理与精神现象，同时也是复杂的社会与文化现象。思想政治教育认知正是这一复杂社会与文化现象的具体体现。从概念来说，狭义上，思想政治教育认知指的是思想政治教育过程“知、情、意、信、行”环节中“知”这一起始环节；广义上，思想政治教育认知指人们对一定社会或阶级的价值观念、行为准则和意义的完整的认识过程及认识结果。从过程来说，是伴随着思想政治道德情感、意志、信念和行为的展开而不断深入和深化的动态的发展过程，涉及信息接收、理解、加工和内化等各个环节。心理学以其特殊性功能可以对德性认知具有独特的功能性作用。人是社会中的人，处在各种道德情境中，一个认知水平正常的人，一定是道德认知水平正常的人；一个心理健康的人，一定能够遵循道德规范，道德认知内化于心，才有可能适应于社会，获得生存和发展的机会。

2. 培养大学生的道德情感

道德情感来源于康德的道德哲学，是作为动机的敬重感。道德情感的产生是在人们对现实的道德关系和对别人或自己的道德行为进行评价时所产生的一种好恶爱憎的情绪体验。在道德情感实现的过程中，个体需要根据自己的需要，对别人或自己的行为是否合乎自己掌握的道德原则、道德规范和道德标准而产生的内心体验。因此，立德树人理念要求大学生的德育工作需要培养健康的心理素质、成熟稳定的情绪情感和坚强的意志品质。作为道德意识的重要组成部分，道德情感是道德认知的具体表现，不同的社会条件下，由于认知的差异，对相同价值问题会有不同的道德情感表现。可以说，有什么样的道德认知就会表现出什么样的道德情感。

教育应针对新形势下青少年成长的特点，加强学生的心理健康教育，培养学生坚韧不拔的意志、艰苦奋斗的精神，增强青少年适应社会生活的能力。从个体角度来讲，立德树人理念对大学生道德情感的培养，重在心理教育在感性要素的应用，是大学生健康成长的基础和保证，心理素质是人才系统中最基本的素质，大学生的心理健康对他们的思想素质、品德素质、智能乃至身体素质的发展都有很大的影响。从群体角度来讲，大学生心理健康教育对道德情感的功能需求，重在培育群体中的“道德共情”。道德共情可以在群体行为中，是人对他人情绪状态或情绪条件的认同性反映，也可以是对他人的感受、思想和意图及自我评价的觉知，能客观理解、分析他人情感的能力。可以看出，道德上的共情是道德判断与道德行为的基础，共情能力的高低与人的道德境界和层次存在着非常密切的关系，共情能力高，道德境界相对就高，反之则低。

3. 培养大学生的道德意志

康德将道德意志理解为一种纯化的“善良”，而在现实生活中，人们的道德意志表现为具体存在。通常来讲，道德意志是一种内在趋善的强烈愿望，同时这种愿望还表现为心理学上克服困难的强大动力。大学生心理健康教育就是在心理学领域内讨论个体在道德活动中控制或发动热情，向明确目标驱动的力量。道德意识的基本心理要素是道德理性、道德情感、道德意志的统一，共同支配个体的道德行为的发生、持续和完成。因此，大学生道德意志的培养成为立德树人理念下大学生心理健康教育中必不可少的一个功能需求。“加强心理健康教育，促进学生身心健康、体魄强健、意志坚强”，也为心理健康教育创新指明了方向。

道德意志具有指向性是指向主体的约束性，是主体自律的道德向善性。大学生的道德意志也就使得个体在任何行动中的表现都必然是符合道德的，即意志总体上指向符合社会主义核心价值体系的道德实践。当前我国正处于社会转型时期，随着市场经济的不断成熟与发展，大学生的价值观和人生观受到多元思潮的冲击，利益导向与个人价值实现的迫切需求使得大学生的“自我观念”与“自主意识”被唤醒。应该看到，当下大学生思想政治教育一直关注道德意志在道德活动中的重要性，但由于没能正确认识到道德意志所内含的充分的个体自由性、环境变化性及其作用机制，从而使德育过程变得缺乏个体针对性，只是简单地实行灌输和规训。大学生心理健康教育则需要在对个体自由意志的充分尊重和对道德理性的必要的基础上，从心理学角度对发掘大学生个体道德主体性、行为情境变化性的注重，使大学生思想政治工作既有理论上的高度，又注重日常生活中对现实问题的解决。

综合来看，道德观的养成是立德树人理念赋予大学生心理健康教育的首要新功能。“德育”与“心育”之间的内在关联，要求只有培养大学生正确的道德认知、道德情感和道德意志，才能实现心理健康教育与高校思想政治教育的紧密结合。

二、形成健全人格体系的功能需求

美国人格心理学家奥尔波特对人格一词进行了考证，且得出了自己对人格的定义：人格是个体内部那些决定个人对其环境独特顺应方式的身心系统的动力结构。立德树人理念对于大学生心理健康教育重要功能的需求就是发展大学生心理素质，对大学生政治人格、道德人格及法律人格产生培养和提升的作用，培养健康和适应现代社会需要的人格，这也是心理健康教育德育功能的核心体现。

1. 发展大学生的道德人格

道德人格是人在一定的道德关系和道德活动中所获得的道德性质及其所表现的道德形象，是当代西方道德心理学研究的一个新主题。20 世纪 90 年代起，针对美国儿童心理学家科尔伯格的道德认知理论未能很好地解决知行关系的问题，有些学者提出了道德人格概念，认为只有将道德人格引入道德心理学领域，才能更好地理解个体的道德心理和道德行为。

道德人格是价值观的体现，由价值体系和价值取向决定。心理健康教育针对大学生道德人格的培养需求，通过在心理层面上对大学生的价值取向产生影响。价值取向直接影响人在社会中对于自身修养与他人关系的处理，其核心问题是对自我与社会、贡献与索取的关系处理问题。立德树人理念要求德性在大学生培养过程中作为前提条件，通过德性的改善实现对人与社会问题的正确认知与矫正纠偏。应该说，在人际交往的社会过程中经常出现个人与集体、社会发生利益关系冲突的情况，心理健康教育通过循循善诱、提供信息，帮助他们鉴别真伪，促进他们在思考辨别中有效处理困惑和内心的矛盾冲突，逐渐汲取健康向上的价值取向元素，并在实践中不断积淀，内化而成稳固的价值观念体系可以有效处理此类问题。同时，心理健康教育对于道德人格的形成也是帮助青年学生塑造一个美好的“理想自我”。这是大学生进行自我认识与自我判断，欲最大限度地发挥人格的积极性、主动性、创造性。因此，在立德树人理念下，大学生心理健康教育应该通过外在观念认知与内在品德养成两个方面积极有效地培养大学生的道德人格。心理健康教育在其发挥本质属性的过程中，透过心理状态和现象同时了解和把握学生所持的“看法”和“做法”，找出其中隐含的价值观、人生观、世界观，指导其反思和领悟“做什么”“怎么做”“何以这样做”的问题。且对个性中消极方面的判断，仍以人类共有的基本价值准则如法律准则和道德准则等为依据。

2. 发展大学生的法律人格

法律与道德相辅相成，都是调节人的社会实践的行为准则，二者的不同之处在于，法律与道德相比，更多了一些强制性与外在性。同样，大学生的法律人格也是一种外在的显性的人格特征，这种人格对人的精神的约束力可以在一些比较重大的事情上起作用，这样的约束具有明显的强制力，即具有普遍约束力。

当前社会发展使大学生所接触的环境越发复杂，存在各种风险、诱惑，以及道德之外的考验，而大学生的涉世未深以及缺乏相应的法律意识，极容易造成在法律面前的心理失控，进而导致犯罪行为的发生。因此，在大学生心理健康培养的过程中，必须增加法律的维度，通过对法律人格的培养，进一步补充大学生道德的养成，可以说，法律人格的培养是道德养成的重要组成部分。立德树人理念中，道德教育与法律教育是一个问题的两个方面，在心理健康教育过程中，法律人格的培养也是道德人格培养的重要辅助方面，通过对大学生人格双重性特征的导向、管理、控制，以进一步形成和发展规律对青年学生进行日常行为训练，并建立心理机制和制约机制，增强青年学生实践理想人格的锐气和毅力。

3. 发展大学生的政治人格

政治人格是比道德人格与法律人格更为高阶的概念。政治人格包括政治道德、政治品格、政治情感和政治技能。政治人格直接影响人们的政治行为及其在政治生活中承担的角色。立德树人理念要求对大学生进行德育，也就是在道德与法律双重维度下进一步完善大学生在意识形态领域的人格特征。立德树人理念要求通过思想政治教育培育大学生对德性人格的理性认识，心理健康偏重于潜意识结构，弥补了忽视人的心理活动而单纯通过灌输说教解决大学生人格培养的传统教育理念。不同之处在于，立德树人理念之下的心理健康教育，重在从人在社会生活中的德性培养来研究人、了解人的政治品格形成，而心理学的范围更专门化，它从人的心理活动的一般规律和生理机制方面去研究该问题。因此，大学生心理健康教育有助于对受教育者的认识、情感、意志的全过程施加作用，引导他们保持健康的心理状态，为形成正直的人格创造良好的心理条件，从而改变其德性教育。

综上所述，人格体系作为大学生成长成才的重要组成，是心理健康教育所需要实现的重要功能之一。心理健康教育通过发展大学生心理素质，对大学生的政治人格、道德人格及法律人格的培养起到提升和促进作用，这也是心理健康教育德育功能的核心体现。

三、践行社会主义核心价值理念的功能需求

立德树人理念下的大学生心理健康教育必然要有服务于大学生社会主义核心价值观养成的功能需求，坚持与时俱进，大学生心理健康教育也要在国家情感、社会责任和个人道德三个维度提出功能上的满足。

1. 培育中国特色社会主义的国家情感

心理学上，情感属于态度整体概念中的一部分，是态度在生理上一种较复杂而又稳定的生理评价和体验。价值最初是“对人有维护、保护利用”的含义。现代语境中，价值可以理解为是非标准、生活准则等意思。价值有着自然与社会的双重属性，从最初源于自然界，到不同历史时期赋予的道德标准，价值观就是体现并约束人的价值取向的。社会主义核心价值观是全国各族人民价值观的“最大公约数”，社会核心价值的培育与践行本身就是一个道德伦理问题。因此，在社会主义核心价值观的培育和践行过程中，心理健康教育重在激发心理活动和行为的动机，培养人将情感作为适应生存的心理要素，进而在社会交往中感受或表达国家情感。

2. 勇于担当建设美好社会的历史责任

社会主义核心价值观是新时代大学生思想政治教育的重要道德养成。从国家宏观维度分析，富强、民主、文明、和谐是中华民族有史以来最为强烈的价值追求；从社会中观维度分析，自由、平等、公正、法治的价值理念是我们党为之努力的价值目标，也是我们每个社会公民所共同享有的；从个人微观维度分析，爱国、敬业、诚信、友善的价值理念是全体社会成员的基本道德遵循。

大学生群体正处于价值观形成的重要时期。大学生价值观教育，须遵循大学生身心发展的规律，特别是要抓住大学生心理健康教育的关键，将德育理念教育具化为为实现中华民族伟大复兴贡献力量的历史责任。因此，大学生心理健康教育应从马克思主义人学基本观点到意识形态安全维护上将价值观教育融入其中。立德树人理念要求高校大学生心理健康教育在知与行统一的基础上，将大学生社会历史责任培养表达为对社会主义核心价值，从“修身”内在的过程拓展为“齐家”“治国”“平天下”的社会价值观念，即在建设中国特色社会主义社会的伟大视野中实现知、情、意、行的统一化。立德树人强调道德的养成，而在德育过程中学生个体的情感和意志则是心理健康教育所要必须关注的。因此，大学生心理健康教育要实现从对价值理论的认知，升华到大学生践行正确的价值行为，形成稳定的价值观念，才会把正确的价值行为转变为价值观的自觉。

3. 坚持遵守个人行为的基本道德规范

社会的价值规范总是与个人的道德行为分不开的，一定程度上可以将个人行为的道德准则作为社会价值理念整体在微观上的具体化。遵守道德规范是立德树人最直接的要求。价值观是特定历史条件下全体社会成员对价值问题秉持的观点、看法及其立场，是某种价值在社会成员思想与行为中的表现，是主客体之间的相互作用及其影响，归根到底是社会成员的实践活动。

在社会主义核心价值理念当中，中国传统美德为大学生个人行为的基本道德规范提供了丰富的滋养。其中，爱国主义作为民族精神的主导，是思想建设中的永恒主题；以改革创新为核心的时代精神呈现出独有的精神魅力。仁爱原则、礼教精神、责任意识、社群取向，以及对王道世界的想象与实践，贯穿在几千年的历史实践中。由此形成的“责任先于自由，义务先于权利，群体高于个人，和谐高于冲突”的道德价值偏好更是立德树人理念对大学生心理健康教育提出的具体需求。

综上所述，践行社会主义核心价值理念是立德树人对大学生心理健康教育与本土化结合的重要功能体现。通过心理健康教育，大学生可以在国家情感、社会责任和个人道德三个维度上养成符合社会主义核心价值观要求的思想和态度。

第二节　立德树人理念下大学生心理健康教育功能实现路径

立德树人理念下的大学生心理健康教育是“育心”与“育德”的结合。只有充分挖掘大学生心理健康教育中的德育因素，才能达到真正的立德树人效果。特别是中国特色社会主义的大学教育，更需要整合心理健康教育的功能，以立德为最终目标和前提条件，在心理健康教育中将马克思主义的科学世界观与中国特色社会主义核心价值理念融入大学生的认知结构中，培养他们积极进取、乐观向上的精神，为他们接受进一步的思想道德教育创造健康的心理条件。

一、强化立德树人理念下的心理健康教育功能认知

立德树人理念下，高校思想政治教育是“树人”的过程，“立德”是重要环节。作为思想政治教育系统中的大学生心理健康教育，也同样需要贯彻这一理念，将立德树人作为属性功能，成为稳定的功能认知。

1. 全面贯彻立德树人的教育理念

做好高校思想政治工作，要因事而化、因时而进、因势而新。要遵循思想政治工

作规律，遵循教书育人规律，遵循学生成长规律，不断提高工作能力与水平。将立德树人作为心理健康教育根本指导理念也是对这“三大规律”的科学应用。大学生心理健康教育工作需要在高校党委的领导下，积极掌握思想政治工作中的心理健康教育主动权，有效地培养社会主义事业的建设者和接班人。在此过程中“立德”必须占据首要位置。全面贯彻“立德树人”的教育理念，就是要在高校推进大学生心理健康教育中，注重“德育”，以“心育”促“德育”，在具体工作开展过程中准确理解“立德树人”的科学内涵。只有弄清楚这个“德”与“心”的关系，在道德健康的前提下促进心理健康，才能有效推进思想政治工作，才能培育正确的道德判断和道德责任，使青年具有积极健康的思想道德素质和扎实的道德实践能力，尤其是自觉践行能力，从而成为全面发展的人才。

2. 优化心理健康教育的功能属性

优化心理健康教育的功能属性，旨在通过心理干预手段，在大学生养成健康心理的同时，为大学生成为合格的政治人、道德人和法律人奠定基础。首先，发挥心理健康教育的预防性功能，重点解决由于心理原因导致道德失范的问题。其次，发挥心理健康教育的发展性功能。心理健康教育以人的正常发展和自我实现为其功能之一，正常有序的心理健康教育可以引导大学生形成良好的社会适应能力，发展健康的道德认知、稳定的道德情感，塑造正确的道德行为，并进一步提升为稳定的政治认知、政治行为，形成正常健康的政治人、道德人和法律人。再次，优化心理健康教育的导向性功能。心理健康教育虽然更侧重个体的心理感受，但也关注个体的心理发展，必然会引导教育对象遵从主流社会的公知共识和行为规范，达到适应社会获得发展的成人目的。而社会主义核心价值体系当前就是主流社会的公知共识。最后，优化心理健康教育的促进性功能。心理健康教育以促进人的自我实现为目的，挖掘个体潜能，让每个个体在发展的基础上实现个性完善、人格健全。唯有心理健康、人格完善的人，才有更大的可能成为道德健康、政治健康、法律健康的人。由此，心理健康教育首先应清晰和明确自身原有的功能属性，并着力将其优化和放大。

3. 提升心理健康教育的德育基础性

心理健康教育的德育基础性就是发挥心理健康教育的德育功能，在大学生心理调适能力提升的同时，促进其良好道德的养成。提升心理健康教育的德育基础性，可以在心理干预的过程中，通过心理健康教育的方法与手段，使学生可以化解心理危机和行为障碍等“内在冲突”，并对自身的人格特点有充分了解，以提升德育工作针对性为目的，区分其人格体系中的积极与消极因素。另外，心理健康教育的德育基础性又体现在其方法上的辅助性与互补性。传统教育中，德育一直将学生定位于特定的社会角色而展开，而心理健康教育介入德育养成的情况下，大学生已经作为特定社会关系中的具体人出现。因此，大学生的个性化特点越发明显，尊重、理解并满足学生的人格需求，使德育教育更加人性化，更加具有针对性。教育者通过与学生共同尝试解决问题的方法，帮助学生克服心理障碍，养成良好的道德。

综上，树立正确的心理健康教育理念对进一步明确立德树人理念下，大学生心理健康教育的功能定位具有重要作用。明确心理健康教育的教育理念、功能属性及其对道德养成的奠基性三个方面，有助于强化心理健康教育对大学生成长成才的功能认知。

二、完善心理健康教育实现最大化功能的机制

立德树人理念下，大学生心理健康教育的功能不应仅仅显示其技术性的一面，作为高校思想政治教育的重要组成部分，更应在机制完善上保障其对大学生健全人格培养的功能最大化。

1. 建立心理健康教育的体系化机制

教育机制就是教育各部分之间的相互关系及其运行方式，主要包括教育的体系化机制、教育的形式机制和教育的功能机制（包括活动激励机制、保障机制和制约机制）三种基本类型。大学生心理健康教育机制是一项系统工程，应坚持整体性原则，形成环境系统、心理咨询中心、教学系统、管理系统和科研系统相互支持五位一体的教育机制，重点解决大学生心理健康教育在管理、教育、心理危机预警干预三个领域的体制机制建设，使大学生心理健康教育取得实效。首先，在管理上，成立由校领导担任组长的心理健康教育工作领导小组，直接领导学校的心理健康教育工作，定期研讨、制定学校的心理健康教育内容和工作重点，并从政策和制度上保障学校心理健康教育工作的顺利进行。其次，在教育上，通过建构和谐的校园环境发挥潜移默化的心理健康教育。大学生心理健康教育是一个复杂的心理干预过程，与环境因素密切相关。构建有利于学生心理健康的校园环境，营造一个良好的心理健康氛围，优化学生的心理环境，潜移默化地陶冶学生的性情。最后，在具体心理问题的解决上，建立数字化心理健康教育平台。随着网络技术的迅速发展，互联网、电脑、智能手机等移动数据终

端已成为学生了解社会、表达自我的重要手段。由于网络的隐蔽性、虚拟性的特点，建立数字化心理健康教育平台，有利于打破时间空间限制，让心理健康教育更加容易获得，更容易让教育对象接受。

2. 完善心理健康教育队伍建设机制

加强心理健康教育队伍建设，首要提高教师的业务能力，培养道德高尚、业务过硬的教师队伍。首先，建立功能结构合理的教师队伍。高校心理健康教育教师的配备要做到以专职为主、兼职为辅、动态均衡、素质良好，按照国家要求配备不低于 1∶4000 师生比例，具有相关专业和资质的专职心理健康教师，并将其纳入高校思想政治教育工作进行管理。其次，心理健康教师的专业技能培训要常态化，积极组织开展高校心理健康教师的师资培训，充分调动全体教职员工对心理健康教育工作的积极性。其中，专职教师要保证每年不低于 40 学时；兼职教师、班主任、辅导员等兼职教师根据实际情况，进行心理健康教育的知识培训。最后，加大心理健康教育的科研投入，促进理论成果的落地和转化。通过高校心理健康教师科研经费的支持，使心理健康教师掌握本领域的最新科学技术发展动态，培养其对心理健康教育的科研能力，并通过教学和日常工作将其转化为有效提升大学生心理健康教育实效性的具体方法和手段，并不断提高教育教学的质量和水平。

3. 强化心理健康教育协同建设机制

心理健康教育的协同建设是在立德树人理念下，根据心理健康教育发生规律性变化的作用原理和过程，与思想政治教育进行全员、全过程和全方位地融合。“坚持全员全过程全方位育人。把思想价值引领贯穿教育教学全过程和各环节，形成教书育人、科研育人、实践育人、服务育人、文化育人、组织育人的长效机制”。因此，心理健康的协同建设机制使心理健康教育与思想政治课程相融合成为可能与必然。首先，在功能上实现思想政治教育的世界观、人生观、政治、法律、道德教育与心理健康教育的学生个性发展、人格完善及社会适应问题相结合。其次，在内容上实现思想政治教育的崇高理想与学生个人的心理问题相结合。最后，在实施形式上将思想政治教育的理论灌输和道德教育与心理健康教育的自我体验、自我感悟以及情绪的释放相结合。综上所述，完善的机制是实现大学生心理健康教育功能的重要保障。通过系统化教育机制、教育队伍建设机制以及协同建设机制，从系统角度、整体上实现与思想政治教育相融合，实现心理健康教育在功能上的最大化。

三、更新心理健康教育融入社会主义核心价值观的实践体系

大学生心理健康标准与德育教育具有统一性。因此，立德树人理念下的大学生心理健康教育需要将对大学生道德的培养与心理健康的养成合二为一，坚持校内教育与校外教育相结合，制定大学生社会实践教育方案，完善学生社会实践制度，把社会实践教育作为必修内容列入教学计划。

1.加强课堂教学目标的价值渗透

“根据大学生不同阶段以及各层次、各学科门类学生、特殊群体学生的心理特点，有针对性地实施心理健康教育。”这对大学生心理健康教育目标体系提出了具体的要求。一是以德育目标为前提，将立德作为首要依据。大学生心理健康教育的目标应当从属于高等教育的目标，与高等教育的目标相一致，反映高等教育目标的要求。同时，更要与高校德育目标相结合，注意与思想教育、政治教育和道德教育的目标相沟通、相衔接，反映德育目标的要求。二是遵循心理特点，以“育心”为手段。大学生心理健康教育是校园心理学的具体应用，应该遵循大学生群体心理发展的特征，以“育心”工作为具体抓手对大学生的德育问题做出具体突破，弥补大学生思想教育的目标空缺。三是根据年级分阶段制定大学生心理健康教育目标。制定一个有所侧重又相互衔接的目标体系是心理健康教育“因材施教”的体现。如针对新入学年级重点放在新环境的心理调适上；二、三年级重点解决由于学业、爱情、人际关系等带来的心理健康问题；对毕业年级要针对毕业去向、自我认知、向社会过渡等问题进行心理健康教育。

2.明确心理干预过程的价值引导

心理干预中必然存在价值引导。一般认为，心理干预应秉持价值中立原则，这是对心理咨询的误读和片面理解。心理干预的工作原则中有价值中立的原则规定，其本意是为了帮助干预双方形成良好的沟通关系，不因价值冲突而影响心理问题解决的效果，特别是不因价值差异对被干预者产生伤害，引发阻抗，进而妨碍心理干预的顺利进行。在正式的心理问题解决过程中，作为干预的一方，心理健康教育者很多时候是通过认知调整帮助受教育者解决困惑的。青年大学生的心理问题很大程度上是由于青年学生没有掌握有力的思想武器，缺乏正确的价值判断。在心理干预过程中，以社会主义核心价值观对大学生思想行为进行价值规范与引导，即用社会主义核心价值观作为社会评判是非曲直的价值标准，用价值尺度化解心理问题。

3. 增加实践教育体系的价值比重

心理健康教育强调以活动、体验和应用为主，增加实践教育体系中价值教育比重。新形势下立德树人理念的实施需要在实践中增加“育德”与“育心”的价值教育，有针对性地、多层次地开设实践课程，帮助大学生提高适应社会生活的能力，养成良好的个性品质。高校在进行心理教育时，教学模式相对单一，特别是实践教育中价值教育思想没有突出出来。因此，学校应该根据不同情况在集体实践教育与个人实践教育活动中增加价值比重。实践教育的内容设计要考虑到全体学生的共同价值需要，如责任教育、情感教育、自我探索和成长过程中涉及价值观养成的内容。另外，大学生心理健康的实践教育要开设有针对性的特色课程，在特殊教育中实现价值教育。

综上，完善实践体系是提升大学生心理健康教育功能实效性的重要途径。通过在课堂教学目标、心理咨询以及实践教育体系中引入社会主义核心价值观，可以在心理健康教育本土化、大学生心理健康具体问题解决的实效性等方面发挥其最大的作用。

第五章

立德树人与大学文化建设

大学作为一种承载着诸多社会寄托的使命性存在，作为高等人才培养的专门机构，历来就是社会思想文化、道德价值观、理论知识、人类智慧和信息技术富集之地，是人类价值观与知识、技能的生产、传播和再创造之地。大学之所以具有一种使命性存在的价值光芒，正是基于理性的存在与高扬。但从当前的实际情况来看，现在的大学文化建设中，许多与理性回归相违背的现象层出不穷，如当代大学在权力、金钱和市场的熏袭浸染中褪色、蒙垢，以至畸变，这深刻地提醒着我们需要在文化自觉中反思和科学定位大学的性质与职能，恢复其形象与生机活力，即大学自身的健康持续发展需要大学理性的回归。大学使命的当代表述可一言以蔽之，曰"立德树人"。

第一节　立德树人是大学文化建设的必然选择

一、"立德树人"为大学文化建设提供方向性保障

要把立德树人作为教育的根本任务，这是对现在教育的重新审视，也是对高等教育提出的更高要求，对教育事业的发展具有重要指导意义。我们要清醒地认识到，立德树人目标的提出是对广大教育者的鞭策，更是对受教育者的要求，"立德"需要深深扎根于教育者和受教育者的灵魂深处，需要成为共同的要求，更需要成为一致的追求。大学作为教育事业发展的主要阵地，"立德树人"理念必须得以长期和有效贯穿。国家高度重视政治、经济、社会、文化、生态文明建设"五位一体"的发展战略，文化作为其中重要组成部分之一，在"五位一体"战略中具有不可动摇的地位。大学文化是社会先进文化的构成要素之一，在文化发展过程中是不可或缺的，从某种意义上说，大学文化建设的成效直接影响到社会文化的建设，因此要切实把大学文化建设融入大学建设和规划中。同时在大学文化建设推进时，要站在国家战略发展的高度，有机把"立德树人"理念融入体系，更好地引导发展。随着社会的发展和进步，高校教

育，特别是高校教育中的大学文化建设、文化育人功能引起了社会的高度关注，社会各界也都在为高等教育进一步完善、为大学文化建设更好展开出谋划策。“怎样培养人”和“培养怎样的人”越来越成为社会对大学教育的关注点。诚然，在大学文化建设过程中要时刻反省为什么建设、建设为了什么的问题，以更清晰的思路谋求更有效的发展。对于大学文化建设依然如此，在种种思想迷惘和混乱之际，我们要更加注重“立德树人”思想的指引，深刻挖掘有效手段，将大学文化建设搞好、搞活、搞到位。文化建设和发展、大学建设和发展、大学文化建设和发展都具有一个共同的落脚点，那就是实现“立德”及“树人”，大学文化建设更是要紧紧围绕这个主题而不能偏离。

二、“立德树人”引导多元大学文化发展的主流思潮

当今世界和社会进入到一个极为开放的时代，多元文化在很大程度上得到提倡和发展。文化作为社会交流、国际接轨的重要方式，必须在此背景之下随之进步。大学文化作为先进文化的重要组成部分，要以更加全面、更加辩证、更加敏捷的思维和标准加以吸收，使主流文化得以弘扬，糟粕思想得以舍弃，做到取其精华、弃其糟粕，健康引导大学文化建设。多元文化辩证要求我们重视价值追求，寻求理性思想风范，切实把握精神实质、精髓要义，“立德树人”具有深厚的历史文化内涵、鲜明的时代诉求特征，是社会变化发展的理性回归，是文化教育和发展的核心所在，是引导社会文化的精华，因此必须把“立德树人”理念与主流文化思想有机结合，促进大学文化建设和社会文化建设协调发展。在实际教育过程中，要将德育理念加以贯穿，提高德育工作的有效性，也要敢于打破陈旧思想，以批判的精神对待社会生活中的各种文化，寻求更多新思想、新认识、新文化。正如有人说：“北大的文化是什么？首先是‘思想自由’，各种理念和思想都可以受到挑战和检验，优秀的大学离不开优秀的文化，大学不仅要有思想自由，更应该追求卓越，不断地反思，所以大学的改革本身就是一个不断反思的过程。”大学是个知识火花碰撞的地方，要有怀疑之思维、批判之精神、创新之胆魄，这样才能将更多经得起实践检验的文化纳入建设范围，更好引导大学文化建设，支持大学文化建设，体现前瞻性、传承性、时代性。多元文化悄然走进大学之地，无声融入大学生活，也时刻影响着“大学人”的思维方式、行为习惯、价值观等。诚然，多元文化进入校园为大学增加了色彩与活力，使大学变得更有个性，但从负面的角度理解，多元文化进入校园，也日益冲击着长期积淀形成的思维方式、行为

习惯、价值观念等。更为严重的是，大多数学生由于知识的限制、接触社会不深、引导缺失等因素，不能辩证分析和吸取这些多样化的文化，而盲目加以吸收，更有甚者会在这些多样化文化中迷失自我，给自身造成极大不利。所以，在这种情况之下，我们必须充分认识到“立德树人”理念在多元大学文化建设和发展中的引领作用，在此理念之下注重主流文化的引导与吸取，更好地引导大学文化的建设。多元大学文化之背景下，必须在“立德树人”理念引导下，引领学生树立正确的世界观、价值观、人生观。

三、“立德树人”为大学文化建设提供精神动力支持

“立德树人”是大学文化建设的重要任务，其主要实践途径是树立德业垂范，以教化后人，以期达到个人在精神世界和现实社会的立足发展，归根到底是价值观念的灌输与继承。价值与观念是意识的范畴，马克思认为意识通过实践活动获得，是实践活动的反映，意识又具有能动作用，能够作用于实践活动，进而指导实践。由此可知，意识活动的价值观、正确性直接关系着实践活动的价值导向。所以，立德树人与大学文化建设互为因果，相辅相成，立德树人以其强烈的道德准则观念与人文理念深刻地影响着大学文化的建设工作，犹如一个强烈的道德观念深深植入一个人的大脑之中，这个人的行为方式和方法将深刻地受此种道德观念的影响甚至支配。一旦某种观念内化于人的内心并通过他的行为方式外化为实践活动，这个观念的存在将无时无刻不管理着人的行为，作为文化的载体，围绕这个人的文化此时就开始形成了。大学文化的建设也是如此，假设把大学拟化为具有人格的文化载体，大学所倡导的价值、理念、观点以及与之相关的校训、校歌、校徽等一切就是意识活动的能动效用，它通过灌输、传递、内化，使具有人格特质的大学也具有了这些价值、理念、观点所要传达的内涵，大学的性格就这么养成了。此时置身于其中的“大学人”不可避免地要受这所大学的性格影响，大学范围内的文化氛围就此形成，这既是一个积累养成的过程，又是一个创造建设的过程。但是，文化建设最终落脚点是人，以人为本才是文化建设的首要任务。大学的性格也是“大学人”的性格，优秀性格的大学必定培养出优秀的人才，此时的大学文化就是整个校园的精神支柱和动力源泉，从根本上讲，是精神文化支撑了校园文化的建设和发展。这是一个绝佳的意识支配活动的典型案例，精神文化弥补了物质文化的先天不足，矫正了被物质世界过度扭曲的意识世界，保留了人在

经济社会发展潮流中自我支配的能力。因此，大学文化建设需要精神意识先行，首先要让大学具有正确的价值取向并能保留自我思考的自由支配实践活动的能力和特质，如校训的价值取向、教育理念、标志象征等的创设和秉承。其次才是教书育人的本职工作，其工作内容无非是大学价值取向、教育理念等的传达和输出，教授文化知识也同样体现这样的功能，整个过程就是立德立人的过程。大学文化建设的终极目标便是立人，且是立有德之人，德立则人立，人在实践活动中创造了“德业”，德业理应得到发扬，使之为人的树立发挥应有价值。古代先贤立志为生民立命，大学文化建设更应该立志为往圣继绝学，把立德树人的理念注入文化建设中去，为大学文化建设持续不断输送精神动力支持，在创新发展大学文化过程里立德树人，培育具有德业精神的真正的人。

第二节　以“立德树人”为目的的大学文化建设

一、强化立德树人的精神文化

1.守望大学精神

无论大学如何创新，如何进一步服务社会，大学的精神和灵魂是永恒的。在大学面临的挑战和问题越来越多的同时，为了能更好地迎接挑战，促进大学更好、更快发展，我们必须坚定不移地守卫大学的精神家园。但何为大学精神，这是我们在守卫精神家园之时必须弄清楚的概念。学术界在关于何为大学精神上做了大量深入的研究，也得出众多不同的理解和定义。也就是说我们在关于何为大学精神的定义上存在很大的模糊性。有学者认为，“如果对大学精神作一个界定的话，那么，大学精神就是大学在其长期存在和发展过程中，经过大学人长期的继承与创新的历史积淀而最终形成的共同追求、理想信念、相对独特的价值观和稳定的气质。大学精神就是大学的灵魂”。从共时性和历时性两个角度对大学精神作了较为权威的界定。从共时性的角度说，“大学精神承载着大学人共同的追求和理想信念。大学精神表现出的是概括和浓缩的大学的理念、使命、功能、目标等内容，蕴含着大学发展的理想、信念、追求和动力”。从历时性的角度说，“大学精神是继承和创新的历史成果”。继承和创新是一所大学立足和发展中不可或缺的两大品质，继承是对学校历史、优秀文化的继续发扬，创新是在新的条件下按照自身办学理念，有针对性地吸取优秀文化，更好地指导现代教育。大学精神是每一个大学人都应该恪守和追寻的心灵家园，在外部客观条件的影响下，如市场观念、办学理念欠缺、功利思想、社会主流思想等，大学精神的重视度和信仰度在大学人中已渐有下滑现象，高校办学和管理不规范、教师素质下滑、学生信仰淡化等诸多问题出现于现代化中，严重冲击着教育事业的健康发展。大学精神是高校办学和管理的方向标，是广大师生前进的动力。在新的历史舞台上，我们要时刻铭记历史赋予的责任，对社会有担当，服务社会、奉献社会，追求人生价值，实现人生理想，这在很大程度上依赖于大学精神的依托。

2.传承大学精神

大学精神的传承，在大学文化建设过程中具有至关重要的作用和意义，从一定程度上来说，大学精神的传承在实际中主要表现为校风、教风、学风、校训、校歌所蕴含的内在精神，即我们如何守望大学精神。

优化校风、教风、学风。校风是一所高校办学理念、办学宗旨和办学特色的集中体现，是高校精神和灵魂的象征，具有强烈的导向、激励、凝聚和规范作用。在大学精神的传承过程中，要做到更好地引导大学文化建设，促进立德树人目标的实现，就必须大力进行校风建设。首先，严格校规校纪。好的校风，要靠好的制度、好的纪律保障。校规校纪是“大学人”应该共同遵循的行为准则，是学校日常管理工作的基础保障。校风起着一种隐性教育的作用，但时常会被广大师生抛之脑后，或者是重视度不够，所以要以一种明显的方式贯穿于实际校园生活中，激发广大师生对校风问题的认识，从显性角度贯彻落实。校规校纪作为一种外在压力，时刻规范着“大学人”的行为，有助于校园良好行为的构建，有助于大学建设的发展。随着高校办学规模的扩大，学生数量也日益增加，不同成分的学生构成，在如宗教信仰、行为习惯、生活方式等方面显示出了较大差异性，这就需要严格的校规校纪作为支撑，为学生的基本行为做一个共同约束，这样才能保障高校的良性循环。其次，坚持良好舆论导向。随着多元化时代的到来，人们的价值观等也呈现出多样化特点，人们的追求、理想、信仰、信念等不尽相同。校风作为一所高校固有的历史积淀精神之内在表现，蕴含着学校的无穷魅力，这是不可否认的。但从另外一个角度上说，由于价值观、思维方式、评判标准因人而异，所以就不能确保每一个“大学人”都能够对校风所蕴含的精神持认同态度。这就要求在引导广大师生了解校风蕴含精神的时候，充分发挥良好舆论导向的作用，从一定程度上说，舆论具有潜移默化的作用，悄无声息走进人们的心底，并指导着实践活动。

教风是关键。教师的教育和教学价值观念是教风的灵魂和根本，它决定着教风发展的方向，优良的教风是保障教学效果的基础，也是实现立德树人目标的重要途径。首先，要加强师德师风建设。教师承担着最庄严、最神圣的使命，要时刻铭记教书育人的使命，甘做人梯，甘当铺路石，以人格的魅力引导学生心灵，以学术的造诣开启学生的智慧之门。从学校层面上讲，师德师风建设历来为学校重视，也是学校文化建设的重要组成部分，抓好教风建设须以师德师风为切入点。作为一名教师，不仅要做好教书的本职工作，更要担起育好人的重任，学为人师，行为人范，是对师德师风的基本要求。教师历来是真的种子、善的使者、爱的化身之形象，在文化建设和立德树人理念的结合点，教师必须以身作则，树立良好榜样，以高尚的情操带动学生、以优良的品质感化学生、以优雅的气质陶冶学生，这些都是建立在良好的师德师风基础上。教师要努力做好传道、授业、解惑之工作，培养志存高远、爱国敬业、教书育人之气质，学生要做具有科学“三观”，践行“三爱”之莘莘学子。树立远大理想、拥有责任之感、担当之心，才能在教师和学生之间找到有效切合点。教师与学生本为良师益友，就要互进互助，共同发展。其次，要提高教师业务水平。学习是永不止步的，特别是对于教师来说更是显得尤其重要。瞬息万变的信息社会对教师提出了更高要求，要想把教学活动搞得生动，知识讲得透彻、覆盖面广，就要求教师时刻不能停下学习的脚步，要关心学科最前沿的发展动态，要注重理论的创新研究，要关注国家和社会的变化趋势，等等，只有将这些知识的内涵和外延运用到实际的教学活动中，才能增强教学活动的学术性、全面性、广泛性。这与文化的多样性是息息相关的，也是文化建设的需要，现在国家之所以高度重视德育的发展，很大程度上也是受到文化多样性的影响。所以，广大教师要以提高自身业务水平为己任，以立德树人目标为出发点和落脚点，坚守教育岗位，为教育事业的更好发展而服务。

学风是核心。良好的学风是学生学习效率提高的基础，也是学生智力开发和身心健康发展的重要保障，要切实加强学风建设，营造良好学习环境。首先，加强引导，激发学生的求知欲。现在的学生在学习上是很被动的，总是认为学习是被强迫的，没有形成自主学习的意识。这就少不了加强引导的作用，广大教师要积极引导学生正确认识学习的重要性和重要意义。学生的学习兴趣、学习氛围、学习动力是良好学风的基础。学生只有养成爱学习、愿学习、乐于学习的良好行为，才能切实提高学习效率。

但是现在许多学生对于学习总是持冷漠态度，感觉找不到方向、找不到动力，这样的学习行为严重偏离了教育的本质，也不利于学生的成长，因此要加大引导力度，促进学生健康成长。同时，要在方向和内容上加大引导力度，学生之所以在学习上表现出被动、迷惑、冷漠的态度，知识结构的欠缺、信息的辨别能力弱、找不到学习方向等都是重要原因，所以在引导的过程中，教师要针对学生的实际存在问题进行指导。其次，重视学生主体性作用。学生是一个思想活跃、思维独特的特殊群体，但也正是基于这些显著特征，才显出大学的活跃性和精神性。重视学生主体性是抓好学风建设的关键，要善于发现学生的特点、总结学生的发展规律、挖掘学生的潜能，才能真正理解学生、走近学生、帮助学生，有针对性地开展各种教育活动，提高学生的思想认识、纠正学生不良行为、端正学习态度，进而形成优良学风。

科学提炼校歌、校训。校训集中体现了一所大学的办学精神，是一所大学办学理念和价值取向的集中体现。按照马克思主义唯物史观的解释，物质决定意识，意识对物质具有能动的反作用。校训属于意识的范畴，其形成是由物质决定的。具体来说，校训的形成植根于一所大学的客观实际，即这所大学的历史传承，发展走向，具有强烈的时代感和使命感。相应地，校训对一所大学的有机体——教师、学生以及这所大学的管理人员，都有着很强的约束力。校训渗透于大学的一切工作领域，校训具有一种无形的力量，对于塑造每一个"大学人"的思想和行动有着很大的导向作用。

大学校歌是大学校园文化的重要组成部分之一。与校训的言简意赅不同的是，校歌更全面地诠释了一所大学的历史传承、办学宗旨以及人文关怀。歌词与旋律的相得益彰弥补了校训的"空洞"和凝重。不过，校训和校歌也有其一致性。大学校训与校歌都是大学精神内涵的载体，折射出大学的文化底蕴和传承创新。大学校歌与大学校训一样，对于凝聚人心、团结力量有着极为重要的作用。一首脍炙人口的校歌能引发"大学人"的共鸣，增强"大学人"对母校的认同。与校训一样，校歌同样承载着一所大学的学校精神和办学理念。校歌与校训都是一所大学的灵魂，在对"大学人"的规范和引导方面，二者发挥着不可替代的作用。

二、完善立德树人的制度文化

1.依法治校与以德治校相结合

在国家的治理和社会管理的过程中，依法治国和以德治国相结合是一个重要的原则，也是一种重要方式。同样，在学校的建设、发展、管理中也要把“依法治校”“以德治校”相结合。伦理道德是中华民族传统文化的重要组成部分，学校是文化传承、传播、发扬的有效场所。因此，在学校的文化建设过程中，道德意识必须得以贯穿，这样才能有效地与立德树人目标相结合，保障立德树人目标的实现。现在大学中，踏破道德底线现象在教师和学生中层出不穷，这是对大学文化建设的一个很大的挑战，也是困难之所在，所以，以德治校必须纳入大学文化建设的重要环节。依法治校是在法治社会之下学校建设必须遵循的重要理念，只有在法律的框架、范围之下，学校的建设和管理才能有坚实的后盾保障，大学文化建设也才能有章可循。

2. 制定落实大学章程

大学章程是大学的“宪法”，是大学的“母法”。在高校深化改革的背景下，依法治校的理念愈来愈得到彰显，为保障大学的法人地位和法律效力，更好地处理高校与政府、高校与社会、高校内部运行之间的关系，确保大学为全面促进国家和社会发展服务，必须以合理、高效、健全的大学章程为依托，并对其外部的关系做出较为理想的定位，才能为大学文化建设提供坚实的制度保障，实现立德树人的目标。大学建设和发展、大学文化建设和发展、立德树人目标的实现，大学章程发挥着关键作用。大学文化建设作为大学建设中的重要组成部分，要持续、健康、稳定发展必须以大学建设的有序进行作为支撑和保障。党委领导和校长负责之间的关系协调是大学章程中的重点内容，从实际的管理工作上来看，一所学校的有效管理也在很大程度上依赖于二者之间的关系落实，分工与合作的协调关系到管理层的运行效率，关系到整个校园管理工作的顺利开展，也是大学文化建设的基础。从另外一个层面上来说，高校作为一个特殊的机构，有着与普通行政部门不同的运行规律和性质，特别是在政府、社会、学校内部管理之间的关系上，更是显得“微妙”。所以，在大学章程里要明确高校与政府、高校与社会、高校内部管理体制等内容，在实施过程中逐步落实，有效推进。

三、夯实立德树人的物质文化

1. 优化校园文化环境

校园物质文化对大学生修身养性发挥着不可估量的重要作用，特别是校园内设置的各种景点对陶冶情操、净化心灵有着重要而直接的影响。要把校园景观、寓情、寓教结合起来，让学生们受到感染，从而激发爱校、爱国之情，在学生科学的世界观、人生观形成过程中起促进作用。环境总是悄无声息地改变着人们，或催人奋进，抑或误导人生，润物细无声，这是就环境影响作用的精辟阐述。现在的高校建设中，总在寻求最大限度的育人环境，比如在许多景观构建上都寄予了文化内涵，如教学楼的建设、校园整体规划等，处处育人，物物育人是现在高校的又一新追求。校园文化环境建设过程中，既要创造有利于陶冶学生情操和学习的景观文化，更为重要的是要创造学术文化氛围，让学生有一个想学习、爱学习的学术氛围。学校的生机、学校的精神面貌很大程度上使学生的学习状态得以体现，要有学术氛围，才会激起学生的求知欲望，激起学生的学习兴趣，无形中催促学生学习。

2. 完善校园文化设施

在社会整体发展中，物质文明建设和精神文明建设一直都是重头戏，二者有机结合、协调发展、相互促进，是社会全面、健康、持续发展的重要保障。大学是社会的一个缩影，校园的硬件设施建设是学校教学等一系列活动展开的基础，必须建有扎实的硬件基础，方能确保软件文化发展。在大学文化建设和发展中，科学精神和人文精神亦为重中之重，在学校所有规划和建设中，都应该以促进此二者更好发展为目标，并为此而服务。特别是在校园文化设施的建设过程中，更是要体现此理念。从另外一个层面上来说，科学精神和人文精神的建设，学生是关键环节，更是主要承担者和落脚点，所以，还必须体现促进学生全面发展之理念，科学精神、人文精神和学生的有机结合、共同发展，是大学文化建设的主要目标之一。关于校园文化设施的完善，我们可以从两个方面进行理解。一是基础设施的健全和改善。我们不得不承认，物质条件总是在一定程度上影响着教学活动的展开，在现在的条件下，拥有一定程度优裕的硬件条件，比如现代化的教学设备、资源丰厚的图书馆、优雅的学生公寓等，从外延上讲，对于吸纳更多优秀的教师和学生总是有相对优势的。二是设施的文化性。内涵式的教育发展，不仅仅要求在教学过程中得以体现，在实际的生活中更是主要的一个部分，要想真正将内涵式发展的理念以意识形态融入广大师生群体中，就需要时时刻刻、方方面面做到位，从小事做起，从点滴做起。新一轮的高校建设正在进行，意味着新一轮的思考摆在我们面前，历史与经验告诉我们，只是一味追求硬件设施的建设和完善，而忽视科学精神和人文精神的发展，是不利于学校的长远发展的，更是不利于大学文化建设的。因此，将校园文化设施的完善纳入大学发展规划中已日显重要。

第六章

立德树人与中华优秀传统文化教育

中国是一个有着五千年悠久历史和灿烂文化的国家，中华优秀传统文化就是中华民族智慧的结晶，优秀传统文化是我国文化的根本，也是中华民族的灵魂所在，是中华民族精神的体现。中华民族长期受这些优秀传统文化的熏陶和影响，使其在漫长的历史发展中屹立不倒。将优秀传统文化与立德树人结合起来，可以起到引导大学生思想和行为的作用，帮助大学生树立正确的人生观和价值观。

第一节　中华优秀传统文化的内涵、特点及价值

一、中华优秀传统文化的内涵

我国的优秀传统文化是历经几千年形成的，主要是以儒家思想为核心，融入释、道、法等其他学派的精髓，具有高尚的道德和优秀的思想观念，是前人的智慧结晶，是中华文化的精神支柱和历史文化瑰宝。正因为有了这些特点，中华文化才能在漫长的历史长河中源远流长，才能启发中华儿女积极向上，引导中华儿女不断奋斗。同时，中华优秀传统文化是经历漫长的历史积累和沉淀下来的，是经过长期奋斗和总结经验教训得来的，具有进步的思想和丰富的内涵，对推动我国当代的发展和进步起着非常积极的作用。

二、中华优秀传统文化的特点

优秀传统文化的特点主要有三个。

1. 人文精神

在人文精神方面，包容性一直都是中华传统文化的特点，也是全体中华儿女的精神财富。在为人处世方面及思想争鸣过程中，是讲求和而不同、求同存异的，这些都

充分体现了我国传统文化的包容性和博大的人文精神。包容性不仅体现在本土文化共存上，也包括对外来文化的兼容，这种包容性促进了中华民族的不断发展和不断强大。

2. 传统美德

在传统美德方面，中华民族是礼仪之邦，团结友爱和尊老爱幼是中华民族的传统美德，也是中华儿女骨子里根深蒂固的美德，充分地体现了中华民族的价值标准及行为准则。

3. 思想理念

在思想理念方面，受中华优秀传统文化的影响和当前教育水平影响以及社会经济的发展的影响，有效提高人们的整体素质是非常重要的。中华民族已将实事求是和脚踏实地等品质融入了国民的思想深处。

三、将中华优秀传统文化融入立德树人的意义

1. 增强我国当代大学生的文化自信心

历史和文化是一个国家精神和文化以及自信的来源，也是自身文化的体现和对生命力的肯定，同时也是人们坚定信念的基础。当前我国非常重视传统文化，提出增强文化软实力的目标和口号，并以此作为未来发展目标之一。对优秀传统文化的继承和发扬具有非常重要的意义和作用，也是未来创新和发展的重要战略。我国始终坚持走中国特色的社会主义道路，中华优秀传统文化发展起到了繁荣社会的作用，所以全社会应当凝聚力量发展传统文化教育，将中华优秀传统文化融入大学生的教育中，对大学生的未来发展具有重要意义。让当代的中国大学生全面客观地认识到中华传统文化的内涵和博大精深，从而形成强大的文化自信心。使大学生充分认识到优秀传统文化的重要性，运用优秀传统文化武装自己，从而更好地抵御来自西方文化的侵蚀，以更加自信的状态来面对外来文化。

2. 增强当代大学生的责任意识

中华民族是一个具有强烈责任意识的民族，在我国历朝历代中有许多著名的人物，可以说在中华民族的血液里就隐藏着责任和担当，这些都是中华优秀传统文化中的重点。将优秀的传统文化融入当代大学生的学习和教育中，可以让大学生学习前辈先人的信念和抱负，学习他们的责任心，从中汲取力量为祖国的发展作出应有的贡献，为

中华民族伟大复兴出一份力。同时可以让大学生充分认识到自身的责任和义务，不断发扬老一辈的奋斗精神，肩负起时代使命，为祖国和社会发展贡献力量。

3. 强化大学生的爱国情怀

爱国情怀是大学生对国家忠诚的集中体现，也是传统文化的重要组成部分。中华优秀传统文化将老一辈人的拼搏奋斗思想和精神传递给当代大学生，激励着一代又一代的中华儿女为祖国的繁荣昌盛努力奋斗。当代大学生学习优秀的传统文化，就是要学习革命前辈为建立新中国和今天美好生活所付出的巨大努力，让大学生了解和珍惜今天的幸福生活是多么来之不易。对大学生进行中华优秀传统文化教育，可让当代大学生了解伟人事迹，让大学生认识到，在新时代的今天，爱国主义是一个永远不过时的命题。激发大学生为了民族复兴而读书，将个人的荣辱与命运同国家的命运紧密联系到一起，从而更好地促进大学生不断学习成长、不断自我完善。中华民族优秀的传统文化代表了中华民族的思想，对中华民族的建设以及未来发展具有重要的意义。

第二节　中华优秀传统文化融入立德树人的关键点与着力点

一、中华优秀传统文化融入立德树人的关键点

1. 应当加强中华优秀传统文化的研究

要想将传统文化更好地融入思想政治教育中，需要不断对传统文化进行选择，不断地加强对传统文化的研究。将传统文化进行充分研究，应当从各方面深入地进行了解，充分地发掘中华优秀传统文化的思想和政治教育意义。在对中华优秀传统文化进行研究的过程中，可以强化对中华美德和爱国主义精神的研究。

2. 加强高校教师的国学教育

在思想教育中，要重视高校教师的作用。高校教师是大学生的引导者和领路者，所以高校教师的素质影响着教育的效果。不断地加强高校教师的国学教育，尤其是政治教师的国学教育，使教师提高国学素养和对传统文化的理解，这样才能更好地对大学生进行思想教育，从而更好地开展中华优秀传统文化教育工作。

3. 重视大学生对传统文化学习的需求和变化

中华优秀传统文化对大学生教育产生什么样的效果，除了与教师的素质有关，也与大学生自身状态有关。这就需要学校和教师努力探索教育方法，采取有效措施，提高大学生的国学素养，重视大学生对传统文化的学习以及学生的实际需求。

二、中华优秀传统文化融入立德树人的着力点

1. 融入学科教学

在传统文化教学中，要重视课堂的作用。因为课堂是大学生学习知识的场所，也是教师开展教学活动的场所，所以应当重视课堂的作用，将传统文化融入教学活动中，让学生充分了解和接受传统文化。也可以开展各种形式的专题讲座，让学生进行传统文化学习，同时可以给学生营造一个良好的学习氛围，让学生深刻了解传统文化的内涵。将传统文化融入思想政治课程的理论教学中，帮助大学生树立良好、正确的人生观和价值观。政治课是比较枯燥的，将传统文化加入政治课中具有非常积极的作用，因为传统文化是有极大内涵的，可以有效增强大学生的文化自信。

2. 融入日常管理

要在高校的日常管理中体现传统文化要素，通过各种媒介向学生宣传传统文化。当前网络普及非常迅速，各种技术快速地发展，在这样的情况下，大学生可以借助各种设备来获得各种信息，所以高校的有关职能部门要充分利用校园传媒的作用，积极宣传传统文化，从而加强学生对传统文化的应用。学校可以借助校园广播，也可以利用校园网站，在高校的日常管理中将传统文化融入进去，加大对传统文化的宣传力度，让高校学生在日常生活中感受到传统文化的魅力，为传统文化教育打下坚实的基础。

3. 融入校园文化生活

校园文化对学生具有一定程度的影响，所以要在校园文化中融入传统文化，这样可以对大学生的思想和行为产生一定程度的影响。高校应当积极充分地利用校园环境进行传统文化传播和教育，对大学生可以产生很好的熏陶作用，潜移默化地接受中华优秀传统文化，让传统文化走入大学生的日常生活中，使大学生在传统文化的熏陶下不断成长，从而在根本上影响大学生的心理和行为。

中华优秀传统文化是我国历史发展的见证，同时也是在历史发展过程中沉淀下来的智慧，是中华民族的瑰宝，也是广大中华儿女的智慧结晶。当代大学生是祖国的未

来和希望，所以增强当代大学的文化自信和爱国主义教育是非常重要的。基于此，高校应当注重将中华优秀传统文化融入大学生的思想政治教育中。将传统文化与学生的学习和日常生活进行联系，可以有效地提升学生对传统文化的理解和学习，让学生充分了解和掌握传统文化，从而全面地提升高校的思想政治教育水平。

第七章

立德树人与爱国主义教育

爱国主义精神是凝聚全国人民，让广大人民群众为祖国的发展不断奋斗的精神力量，它与国家是否繁荣昌盛息息相关。自古以来，无数的仁人志士在强烈的爱国主义精神的支撑下，将国家之事视为自己的事业，从“匈奴未灭，何以家为”，到后来的“天下兴亡，匹夫有责”，无一不体现出这种强烈的爱国主义精神。要弘扬爱国主义精神，“让爱国主义成为每个中国人的坚定信念和精神依靠”。

大学生正处在成长的关键时期，他们思想活跃、个性张扬、追求自由，在爱国和维护祖国利益方面愿意冲锋陷阵。尽管他们意气风发、血气方刚，但是由于心理上的不成熟，容易贪功冒进，甚至在负面舆论的煽动下做出丧失理性的行为。因此，对大学生进行爱国主义教育，引导大学生树立正确的爱国主义观念是高校的责任与义务。

第一节　新时代大学生爱国主义教育的必要性

在新时代，世情国情都发生了重大的变化，一些心怀不轨的人提出了爱国主义教育无用的观点，试图破坏社会主义建设，颠覆我们党的领导地位。对此，我们必须清醒地认识到，爱国主义教育在新时代仍旧是思想政治教育中不可或缺的重要部分。

一、实现中国梦的内在要求

新时代大学生爱国主义教育的主题是实现中华民族伟大复兴中国梦。实现中华民族伟大复兴的中国梦，是当代中国爱国主义的鲜明主题。要大力弘扬伟大爱国主义精神，大力弘扬以改革创新为核心的时代精神，为实现中华民族伟大复兴的中国梦提供共同精神支柱和强大精神动力。

新时代中国梦光明前景的出现，与过去始终坚持爱国主义教育、弘扬爱国主义精神是密不可分的。在爱国主义精神的带动下，中国共产党带领全国各族人民建立了人民当家作主的新中国，建起了符合中国国情的社会主义制度，探索出了中国特色社会主义发展道路，最终迎来了新时代实现中国梦的光明前景。因此，在新时代，想要实现中国梦，也与坚持爱国主义教育、弘扬爱国主义精神密不可分。“行百里者半九十”，中华民族伟大复兴，绝不是轻轻松松，敲锣打鼓就能实现的。为了实现国家富强、民族振兴、人民幸福的中国梦，全党和全国人民必须坚持进行伟大斗争、坚持建设伟大工程、坚持推进伟大事业，必须准备付出更为艰苦、更为艰难的巨大努力，而爱国主义精神正是“凝心聚力的兴国之魂，强国之魄”，是实现“中国梦”的共同精神支柱和强大精神动力。“功崇惟志，业广惟勤”，广大青年生逢其时，也重任在肩。面对现在以及将来可能出现的艰难困苦，广大青年唯有以爱国主义为精神动力，刻苦钻研，努力学好科学文化知识，发扬敬业精神，脚踏实地，埋头苦干，为中华之崛起而读书，为国家、为人民、为民族而献身，中国梦才有实现的可能。

二、赢得伟大斗争的现实要求

坚持和发展中国特色社会主义，实现中华民族伟大复兴中国梦注定是一条布满荆棘的奋斗之路。前进的道路，不会那样平坦，我们必须准备进行具有许多新的历史特点的伟大斗争。

为了赢得这些伟大斗争，我们必须弘扬爱国主义，加强爱国主义教育。在具有许多新的历史特点的伟大斗争中，包括维护国家统一，反对民族分裂的斗争。反对民族分裂，维护祖国统一是国家最高利益。

三、继承和弘扬伟大民族精神的需要

“人无精神则不立，国无精神则不强。精神是一个民族赖以长久生存的灵魂。”中华民族传承五千年，历经磨难，至今仍屹立在世界民族之林。千百年来的奋斗，中华民族的先贤们除了留下了辉煌的历史和成就以外，还给子孙后代留下了支撑着我们不断前行、锐意进取的民族精神，这是宝贵的精神财富。然而中华民族自近代以来却常常因落后而挨打。中华民族的近代史是一部极为屈辱的历史，但同时也是中华民族争取民族独立、实现国家富强的奋斗史。近代的中国，在西方帝国主义势力的入侵下沦为了半殖民地半封建社会。在这种危急时刻，无数优秀中华儿女、仁人志士都在用自己的方式寻求争取民族独立、实现国家富强的方法。虽然最终都失败了，但中华儿女对争取民族独立、实现国家富强的不断探索留下来了宝贵的经验，也证明了这些方式不适合中国。直到十月革命一声炮响给中国送来了马克思主义，中国救亡图存运动才走上正轨，至新中国成立时，我们才彻底实现了民族独立的梦想，中国人民彻底站了起来。改革开放四十多年来，我们取得了显著的成就，综合国力不断提升，人民生活水平明显改善，国家地位显著提高。中华民族精神，是中国人民在长期奋斗中培育、继承、发展起来的伟大民族精神。这一精神包含了四种“伟大精神”，包括“伟大创造精神”“伟大奋斗精神”“伟大团结精神”和“伟大梦想精神”。这些精神都包括在长久以来支撑中华儿女艰苦奋斗的民族精神之中，而在这民族精神中，爱国主义是中华民族精神的核心。

爱国主义精神被看作是民族精神的核心是有依据的，主要体现在以下两个方面。首先，爱国主义精神是最为重要的精神，支撑着其他的精神。如果一个民族连爱国主义精神都没有，迟早会被世界淘汰，何谈其他精神。其次，爱国主义精神是其他精神的灵魂，贯穿于其他精神之中，其他精神都紧紧围绕着爱国主义精神这一支柱。因此，继承和弘扬伟大民族精神必须坚持爱国主义教育，让广大学生充分了解中国悠久辉煌的历史，感受中国历史的魅力，增强其对中国独特的历史、文化、传统的认同感和归属感。通过这种方式可以让传统文化价值观念深深地刻在高校大学生的头脑之中，使其不断学习、理解、记忆，并最终产生对传统文化由衷的热爱，不断增强民族自信心和自豪感，增强对国家的荣誉感。同时高校大学生不忘近代的屈辱史，牢记落后就要挨打的残酷现实，可以激发他们为了中华民族之崛起而奋发向上的精神，自强不息，不断奋斗，勇于登攀，增强做中国人的骨气和底气，不断加强对中国特色社会主义的认同感，更好地继承和弘扬民族精神，为实现中华民族伟大复兴中国梦添砖加瓦。

四、应对国际挑战的必然要求

新时代是经济全球化大发展的时代。由于各个国家之间的经济、政治、文化方面的交流日益密切，多元化趋势越来越明显，但是一些错误的观点也如影随形，不断消减人们的意志，侵蚀人们的理想信念，如果不能及时正确地引导，将会造成不可估量的恶劣后果。例如，西方国家主张的无国家无国界思想和其鼓吹所谓的“人权大于主权”的观点对中国人民影响较大，造成的不良后果在某种程度上已经阻碍了中国的发展。而且在当下信息化的大背景下，“地球村”的概念模糊了许多人对爱国主义的认知，爱国主义情感越来越淡薄，国家主权的概念也随之淡化。部分人对自己的归属感、忠诚感、认同感、民族观产生了困惑，有的人甚至认为民族国家已经是过去式了，世界公民才是未来的主流。事实上，只有强大的国家主权才是应对经济全球化挑战的重要保障，而保证强大的国家主权，则需要坚持不懈地进行爱国主义教育。

近代以来，中华民族遭受的苦难之重、付出的牺牲之大，在世界历史上都是罕见的。但是中国人民从不屈服，不断奋起抗争，终于掌握了自己的命运，开始了建设自己国家的伟大进程，充分展示了以爱国主义为核心的伟大民族精神。

历史的经验告诉我们，爱国主义从来都不是抽象的存在。由于个人的前途与国家命运紧密相连，爱国主义是每一个公民在生活中应当承担的责任和需要履行的义务。如果一个民族、一个国家没有共同的核心价值观，莫衷一是，行无依归，那这个民族、这个国家就无法前进。

面对经济全球化，价值观念多元化的时代，爱国主义不仅是巩固和发展爱国统一战线、更好地发挥爱国统一战线作用的法宝，更是有效防范各种错误思想的有力武器。因此，加强大学生爱国主义教育，引导他们远离错误的观点，是应对经济全球化时代各种挑战的必然要求。

第二节　新时代大学生爱国主义教育的基本内容

爱国主义教育就是以爱国主义为核心的思想政治教育，是动员和鼓舞全国人民共同奋斗的“集结号”，是推动国家不断发展进步的强大力量，是全国各族人民共同的精神支柱，同时也是思想政治教育永恒的主题。在新时代要加强爱国主义、集体主义、社会主义教育，引导人们树立正确的历史观、民族观、国家观、文化观。培养社会主义建设者和接班人是我们党的教育方针，是我国各级各类学校的共同使命，在新时代，爱国主义教育尤为重要，而加强大学生爱国主义教育更是各个高校必须完成的任务。

一、新时代大学生爱国主义教育的主题

实现中华民族伟大复兴中国梦是新时代爱国主义的主题，因此新时代爱国主义教

育必须围绕这一主题展开。实现中华民族伟大复兴中国梦，是当代中国爱国主义的鲜明主题。同样，在新时代，实现中华民族伟大复兴中国梦也是大学生爱国主义教育的主题。实现中华民族伟大复兴的中国梦就是要实现国家富强、民族振兴、人民幸福，这是对近代以来中华民族无数爱国者心声的精确概括，一经提出就得到了全国人民的广泛认同，引起了强烈的共鸣。在历史上，中华民族曾是世界上最伟大的民族之一，拥有着数千年的历史，留下了灿若星河的文明成果。然而在近代，腐朽的封建统治受到西方工业文明的崛起而来的列强入侵，中华民族面对内忧外患，遭受了前所未有的苦难，受尽了屈辱。在此期间，无数仁人志士都在积极探寻救亡图存之道，一代又一代的中华儿女抛头颅洒热血，前仆后继不屈不挠。最终在中国共产党的领导下，建立起了坚持走中国特色社会主义道路的新中国，中华民族终于站了起来。在新时代，我们的前景更加光明，最终会在中国共产党的带领下走上富起来、强起来的复兴之路。在新时代，我们比历史上任何时期都更接近、更有信心和能力实现中华民族伟大复兴的目标。为了实现这一目标，大学生爱国主义教育必须紧紧围绕实现伟大复兴中国梦这一主题展开。因此，中国梦是新时代大学生爱国主义教育的鲜明主题。

二、爱国主义教育是爱国、爱党和爱社会主义的统一

爱国主义是一个历史范畴，在不同的时代，爱国主义有着不同的具体内容。在中国共产党领导下走中国特色社会主义道路、实现中华民族伟大复兴，是爱国主义最深刻的时代内涵和最本质的时代要求。爱国主义作为一个不断发展变化的开放性历史范畴，其特质会随着时代的变化而变化。而在新时代，爱国、爱党和爱社会主义是爱国主义教育的重要内容。

我国是中国共产党领导的人民民主专政的社会主义国家，全心全意为人民服务是中国共产党的最高宗旨，实现共同富裕则是社会主义的本质。新时代大学生爱国主义紧紧围绕着以实现国家富强、民族振兴、人民幸福为目标的中华民族伟大复兴中国梦这一主题，而这一主题与中国共产党的宗旨和社会主义的本质高度契合。中国的历史已经充分证明了，想要实现民族复兴、国家富强、人民幸福的中华民族伟大复兴中国梦，必须坚持在中国共产党的领导下走中国特色社会主义发展道路。弘扬爱国主义精神，必须坚持爱国主义和社会主义相统一。我国爱国主义始终围绕着实现民族富强、人民幸福而发展，最终会流于中国特色社会主义。祖国的命运和党的命运、社会主义

的命运是密不可分的。只有坚持爱国和爱党、爱社会主义相统一，爱国主义才是鲜活的、真实的，这是当代中国爱国主义精神最重要的体现。因此，爱国、爱党和爱社会主义这三者的有机统一是新时代大学生爱国主义教育必须把握的重要内容之一。

三、新时代爱国主义国情教育

国情教育是爱国主义教育中的一个重要组成部分。对大学生进行国情教育可以让大学生对国情有一个科学清晰的认识。对于目前存在的问题和取得成就的清晰认识可以使大学生既不因存在的问题妄自菲薄，也不因取得的成就狂妄自大，促使大学生理性地看待一些社会现实问题，抵御西方国家意识形态的入侵，增强大学生爱国主义教育效果。

我国的社会主要矛盾已经从“人民日益增长的物质文化需要同落后的社会生产之间的矛盾”转变为“人民日益增长的美好生活需要和不平衡不充分的发展之间的矛盾”。

解决好新的社会主要矛盾，是新时代中国共产党的重大使命，是中国特色社会主义新时代的根本任务，是社会主义现代化建设的根本目标，是中华民族伟大复兴中国梦的根本内容。因此，以新的社会主要矛盾为主要内容的国情教育是新时代爱国主义教育的新内容之一。

四、新时代维护祖国统一和民族团结教育

国家的统一，人民的团结，国内各民族的团结，这是我们的事业必定要胜利的基本保证。维护祖国统一和民族团结是国家繁荣昌盛的保障，也是新时代大学生爱国主义教育的根基。我国自古以来就是一个多民族的国家，各个民族在中华大地上相互依靠，团结一心，共同创造了悠久的历史和灿烂的文明，各个民族之间是我中有你，你中有我，谁也离不开谁的关系，这也是中国各族人民戮力同心的纽带。各民族要相互了解、相互尊重、相互包容、相互欣赏、相互学习、相互帮助，像石榴籽那样紧紧抱在一起。

维护祖国统一和民族团结可以为中国的发展提供稳定和谐的国内环境，符合全国各族人民的根本利益，是全国各族人民的最大心愿，也是实现中华民族伟大复兴中国

梦的现实要求。弘扬爱国主义，必须维护祖国统一和民族团结。在新的时代条件下，弘扬爱国主义精神，必须把维护祖国统一和民族团结作为重要着力点和落脚点。要旗帜鲜明地反对分裂国家图谋、破坏民族团结的言行，筑牢国家统一、民族团结、社会稳定的铜墙铁壁。在新时代，民族分裂势力、宗教极端主义势力、恐怖主义势力和西方反华势力狼狈为奸，因此，维护祖国统一和民族团结教育仍旧是新时代大学生爱国主义教育的重要内容之一。

五、新时代国际主义教育

新时代，国家与国家之间的联系日益密切，参与国际事务的多寡能更好地显现出一个国家综合实力的高低。我国正在一步一步迈向世界舞台的中央，成为解决国际争端中不可忽视的力量。“中国人是讲爱国主义的，同时我们也是具有国际视野和国际胸怀的。”因此，新时代的大学生爱国主义教育，必须用国际主义教育来拓宽学生的国际视野、培养学生的国际胸怀。弘扬爱国主义精神，必须坚持立足民族又面向世界。中国的命运与世界的命运紧密相关。我们要把弘扬爱国主义精神与扩大对外开放结合起来，尊重各国的历史特点、文化传统，尊重各国人民选择的发展道路，善于从不同文明中寻求智慧、汲取营养，增强中华文明的生机活力。我们要积极倡导求同存异、交流互鉴，促进不同国度、不同文明相互借鉴、共同进步，共同推动人类文明发展进步。

尊重其他国家和民族选择的发展道路，与其他文明和平共处、相互借鉴、共同进步是新时代的要求，也是新时代对爱国主义教育的要求。新时代爱国主义教育必须拓宽大学生的国际视野，培养大学生的国际胸怀，使他们尊重其他各个国家各个民族的历史和发展道路，学习从不同文明之中寻求智慧，而不是站在狭隘的民族主义立场对其他国家的历史和道路选择颐指气使。偏见和歧视、仇恨和战争，只会带来灾难和痛苦。相互尊重、平等相处、和平发展、共同繁荣才是人间正道。

从当今世界全球化趋势来说，各个国家和民族的利益紧密联系，中国的命运已然与世界的命运融为一体。当今的世界是开放的世界，当今的中国也必须是开放的中国。大学生作为中国社会主义事业的建设者和接班人，更需要有国际视野和国际胸怀。只有这样，中国才能更好地与其他国家交流互鉴，合作共赢，携手全球人民共同构建人类命运共同体。

第三节　立德树人导向下的大学生爱国主义教育

大学生是国家未来发展的核心力量，爱国主义精神是其必须具备的。学校是爱国主义教育的关键性阵地，对高校教育教学、专业人才培养等提出了新要求。高校要通过教育教学实践，细化探析立德树人、爱国主义的内涵、主要内容以及彼此间的衔接点，以立德树人为导向，提出可行的爱国主义教育策略，多角度培养学生拥有爱国情感、报国之情，具备高尚的道德品质、健全的人格，更好地在日常生活中培育社会主义核心价值观。

一、建设立德树人思政工作队伍，引领爱国主义教育

爱国主义教育是当前大学生思想政治教育的主要内容，高校要从立德树人的角度出发，加大思想政治教育工作队伍建设力度，包括各专业辅导员、思政理论课教师等，发挥各类人才优势，高效引领爱国主义教育。高校要将立德树人、爱国主义教育同时融入思想政治教育工作队伍绩效考核，探析各阶段考核结果，强化岗位培训，对辅导员、理论课教师等进行不同层次的、系统化的理论教育、实践培训，在专业成长过程中持续提升岗位胜任力，营造良好的教书育人环境氛围。辅导员要扮演好组织者、实施者等角色，深入各层次学生，为其提供优质、多样的教育管理服务，实现全方位以及全过程育人。理论课教师要站在立德树人的视角，分析学生主要特征、现代人才培养要求、爱国主义教育关键点等，优化教育理论、教学实践，对学生进行爱国主义教育，使其准确把握爱国主义的概念内涵、时代特点、时代价值等。高校还要将辅导员、理论课教师和团委、学工、教务等有机联系，壮大思想政治教育工作队伍，为引领大学生爱国主义教育提供根本性的保障，顺利实现立德树人目标。

二、促进立德树人理论和实践经验相结合，推动爱国主义教育

高校要客观点评、深入思考各阶段学生爱国主义教育，细化探究、分析爱国主义教育问题以及出现的原因，梳理、总结立德树人实践经验，全面推动爱国主义教育。理论、实践二者衔接是对学生进行有效爱国主义教育的重要手段，高校要以爱国主义

教育为切入点，多角度深化研读、理解相关的立德树人理论，结合各年级不同专业学生特点以及知识水平、认知能力，合理调整、完善立德树人理论，将其和立德树人实践经验巧妙结合，科学解决爱国主义教育实际问题。在理论知识、实践经验相互作用下，落实立德树人根本任务，对各专业学生进行多层次爱国主义教育。

三、构建立德树人课程体系，助力爱国主义教育

高校要围绕当前爱国主义教育实际情况，深化改革思想政治课程教学，根据爱国主义的基本内涵、理论内容等，构建立德树人课程体系，聚合内部师资骨干力量，开发校本立德树人教材，开设必修课程、选修课程，包括立德树人理论课程、立德树人实践课程，延伸、拓展不同专业各年级思想政治理论课程内容，和专业课程协调统一，层层落实立德树人课程，助力爱国主义教育。高校要全面考核、评价爱国主义教育，优化立德树人课程体系以及相关课程教学，对学生进行多样化爱国主义教育。各专业各层次学生可以将内在情感上升到国家层面，将爱家和爱党、爱国等深度衔接，将掌握的爱国主义理论转化为人生信仰，通过一系列校内外爱国主义教育实践，顺利实现自我以及社会价值。

四、开展立德树人主题活动，强化爱国主义教育

实践是大学生爱国主义教育的重点，也是落实立德树人根本任务的重要途径。高校要以爱国主义教育为出发点，开展丰富多彩的校内立德树人主题活动，比如，学术讲座、主题演讲、评先评优、先进典型树立、观点辩论、文艺表演、经典诵读。高校也可以根据各阶段各年级不同专业学生爱国主义教育实际情况，建设不同形式的学生社团，充分发挥学生社团功能作用，将立德树人根本任务和爱国主义教育深度融合，延伸、拓展校园立德树人实践，开展社会实践活动，强化爱国主义教育。高校可以围绕重要历史人物、重大历史事件的纪念日以及重大的传统节日，定期开展形式多样的校外立德树人主题活动，引领、指导各年级各专业学生积极参与社会实践，进行深层次爱国主义教育，深思生活信念、人生态度，增强爱国情感。此外，高校可以利用网络技术、媒体技术等，构建爱国主义教育网络平台，将线下理论教育与线上网络教育结合，拓展爱国主义教育的宽度、深度。围绕爱国主义教育目标以及任务，借助网络

平台以及新媒体强大的功能，巧用各类网络资源，优化立德树人课程教学，进一步丰富实践活动，将校园实践、社会实践、线上实践协调统一，真正落实立德树人根本任务，对各专业各层次学生进行有效社会舆论、价值理念等引导，主动参与不同形式的爱国行动，成为德才兼备的现代人才。

总而言之，基于立德树人的大学生爱国主义教育有着深远的意义，高校要多层次剖析现阶段各专业学生爱国主义教育实际情况，从师资队伍、理论知识、实践经验、课程教学、主题活动等方面入手，转变爱国主义教育的方向以及思路，贯彻落实立德树人根本任务，增强爱国主义教育实效性，将大学生培养成为现代社会所需的高素质人才。

参考文献

[1] 张剑．立德树人 [M]. 北京：教育科学出版社，2014.

[2] 高秀兰．立德树人 理论与实践 [M]. 北京：中国文史出版社，2015.

[3] 武彩鸿，王兴．多维一体 立德树人 [M]. 北京：经济管理出版社，2017.

[4] 田海舰．社会主义核心价值体系培育纲要 [M]. 北京：人民出版社，2012.

[5] 李建华．高校教师职业道德修养 [M]. 长沙：湖南人民出版社，2010.

[6] 齐振海．爱国主义教育概论 [M]. 北京：北京师范大学出版社，1985.

[7] 张耀灿．现代思想政治教育学 [M]. 北京：人民教育出版社，2006.

[8] 郑航．国家认同和爱国主义教育 [M]. 广东：中山大学出版社，2016.

[9] 雍自元．法学本科生司法公正观培育研究 [D]. 安徽师范大学．2018.

[10] 邓韵．马克思主义理论教育中的美育实践研究 [D]. 武汉大学．2016.

[11] 肖薇薇．高校思想政治工作协同机制研究 [D]. 华中师范大学．2017.

[12] 查文静．先秦儒家思想在大学德育中的应用探讨 [D]. 云南大学．2018.

[13] 刘兴璀．美国高校德育方法研究 [D]. 武汉大学．2018.

[14] 裴艳丽．大学生生态文明观教育研究 [D]. 武汉大学．2018.

[15] 修新路．当代中国大学生文化研究 [D]. 大连理工大学．2019.

[16] 哈龙．大学生社会主义平等观培育研究 [D]. 辽宁大学．2019.

[17] 程雄飞．新时代大学生社会责任教育研究 [D]. 南昌大学．2019.

[18] 陈臣．大学生社会主义核心价值观教育机制创新研究 [D]. 北京交通大学．2019.

[19] 中国电化教育．立德树人的科学内涵与现实要求．2020-08-11.https://www.fjjcjy.com/WebJcjy/ShowLast.aspx?new_id=6dc89cc1987c44e8b14eeb905049d810.